AF250525

8° O³j
/1393

EXPOSITION FRANCO-MAROCAINE

SAFI

ET

SA RÉGION

= CASABLANCA 1915 =

Safi et sa Région

CASABLANCA 1915

*La présente notice a été rédigée par M. AIMEL,
licencié ès-lettres et en droit, d'après des notes
ou documents communiqués obligeamment par
M. le Capitaine BASLY, du Service des Renseignements; M. CHAMSON, Directeur de l'Agence
de la Compagnie Marocaine; M. FAYARD, Chef
du Service des Travaux publics, et M. SEYNAT,
Vétérinaire-Major, chargé du Service des
Epizooties, ou rassemblés par lui-même.*

SOMMAIRE

AVANT-PROPOS

On a écrit sur le Maroc beaucoup de livres de vulgarisation destinés à éclairer les futurs colons ou commerçants et à leur apprendre l'art précieux d'y faire fortune.

Il faut louer l'intention des auteurs qui les conçurent, puisque leur dessein était d'attirer le plus grand nombre d'énergies françaises vers cette portion nouvelle du sol africain où notre action devait s'étendre à l'ombre de notre drapeau.

Mais, souvent hâtifs, partant superficiels, composés par des voyageurs qui n'avaient fait que passer ou par des explorateurs en chambre qui avaient recueilli et amalgamé à distance des renseignements peu contrôlés, ces ouvrages risquaient de ne provoquer que des désillusions à ceux qui, s'embarquant de France vers Casablanca ou ailleurs, avaient l'occasion ou subissaient l'expérience fâcheuse de comparer la réalité avec les chimères qu'ils s'étaient formées sur la foi magique des lignes imprimées.

On ne saurait trop le répéter, *le Maroc n'est pas un pays neuf,* dans le sens où naguère encore on accolait cette épithète à une Argentine ou à un Brésil. Il ne ressemble pas à un Eldorado où il soit suffisant d'aborder pour en extraire sans peine des richesses. Et ce n'est pas sans justesse qu'on a pu appeler Chine de l'Occident ce vieil empire demeuré au stade de civilisation du Moyen-Age, figé jusqu'au début de notre siècle dans un isolement qui n'était pas sans nostalgique grandeur.

Il dévoile ses prodigieuses ressources et en livre une part à celui-là seul, patient et réfléchi, qui se lance dans ses entreprises muni de toutes les données nécessaires à leur réussite.

Cette petite monographie a été rédigée sur place par un groupe de collaborateurs séjournant depuis longtemps dans la région dont elle traite et ayant acquis de celle-ci une certaine connaissance.

Cette modeste étude ne tombera dans nulle exagération. Elle n'avancera rien qui ne soit exact ni vérifiable ; elle a pour but d'être un guide fidèle et sûr à qui voudra la consulter ; elle dira la vérité simple, qui n'eût jamais besoin d'être fardée.

Ainsi, mieux que ce mince fascicule, nul volume ne saurait mériter davantage, en guise d'épigraphe, la phrase de Montaigne : « Ceci est un livre de bonne foi, lecteur. »

SAFI ET SA RÉGION

I — RENSEIGNEMENTS GÉNÉRAUX

SAFI

La ville de Safi, qui se trouve sous le 11° 34' de longitude Ouest (méridien de Paris) et le 32° 17' de latitude Nord, est située à 130 kilomètres de Marrakech ; 125 kilomètres la séparent de sa voisine du Nord, Mazagan, et 105 kilomètres de sa voisine méridionale, Mogador. Elle est donc distante de ces deux points d'environ une demi-journée de paquebot, marchant à vitesse très réduite. Les navires appareillant de Safi le soir à la tombée de la nuit arrivent en vue de l'un ou de l'autre de ces ports le matin dès l'aube.

M. E. Aubin, dans son livre bien connu et minutieusement documenté, le *Maroc d'aujourd'hui*, décrit Safi en ces quelques lignes, avec un réel bonheur d'expression :

« La côte de Safi est une falaise circulaire que domine, au Nord, le cap Safi, avec les ruines d'une ancienne vigie portugaise ; la ville se presse sur un éperon qui descend rapidement vers la mer du plateau d'Abda. Au bord même du plateau s'élève la Kasbah ; c'est la seule partie de Safi que l'on aperçoive en arrivant de l'intérieur. Se trouve-t-on dans la forteresse, on voit à ses pieds une étroite cascade de maisons blanches à toits plats, dévalant jusqu'au port entre deux murailles parallèles ; des tours crénelées flanquent les murs et, sur le rivage, un grand château complète ce système de fortifications qui est d'origine portugaise. Au milieu de toute cette blancheur, surgit la masse carrée d'un minaret. Vers la droite, un ravin profond contenant pêle-mêle de pauvres chaumières et quelques koubbas, au milieu de la verdure. A gauche, le faubourg du R'Bat, qui renferme les entrepôts des négociants et une grande zaouïa élevée sur le tombeau du marabout patron de la ville ».

« A mon sens, Safi est la plus jolie cité marocaine de la côte ; je laisse de côté Mogador, qui n'est qu'une fantaisie européenne sur un thème marocain. » (Eugène Aubin.)

Mais le tableau de M. Aubin, qui l'esquissait vers 1902, exact dans ses traits essentiels, doit déjà subir de nombreuses retouches. Ce qui était alors le Safi d'aujourd'hui est devenu celui d'hier, celui d'un passé presque lointain. C'est ainsi que le ravin profond a vu remplacer ses pauvres chaumières par quelques confortables maisons européennes ; grâce à son abondante végétation où se marient l'olivier, le palmier, le grenadier et l'amandier, qui en font un coin de verdure vraiment exceptionnel près des villes marocaines de la côte, à l'exception de Rabat, un agréable jardin municipal a pu être aménagé. Un faubourg mi-européen, mi-indigène, de plus de 3.000 habitants, s'élève sur les pentes de la colline de Biadah, à dix minutes de la « Medina » (1) ; la vue sur la ville, la mer et les falaises y est merveilleuse et l'air constamment rafraîchi par la brise. Plus au Nord, entre la haute falaise que termine le cap Safi et la ville, le plateau de l'Aouïnat relié à la ville par une excellente route empierrée de 2 kilomètres, est tout parsemé de nombreuses villas et de cottages européens. L'hiver, grâce à l'extrême limpidité de l'atmosphère, on aperçoit de ce point se profiler dans le lointain la longue chaîne et les pics neigeux du Grand-Atlas.

Au Nord de la ville, le faubourg du R'Bat, naguère exclusivement réservé aux entrepôts des commerçants, s'est couvert de maisons d'habitation et s'étend sur une longueur de plus d'un kilomètre. Il est surplombé par le plateau où le camp baraqué de la garnison de Safi a été installé. Au-delà de ce camp tend à s'établir tout un quartier européen déjà loti et tracé; de coquettes villas commencent à y surgir.

En définitive, grâce à la variété de ses aspects et bien qu'elle ne contienne, hormis sa kasbah, ses remparts et l'ancien fort portugais qui domine la falaise près du port, aucun monument de caractère proprement dit architectural, la visite de Safi laisse au voyageur une impression très vive de pittoresque dont il effacera difficilement le souvenir.

Les divers faubourgs que nous avons signalés ont chacun, par la diversité de leurs situations, leur caractère particulier et leur cachet personnel. Aussi, leur réunion avec la vieille medina toute tassée dans son enceinte crénelée cuite par le soleil, ses ruelles en labyrinthe et pleines d'ombre, sa grande rue éblouissante d'activité, de clarté et de bruit, constitue-t-elle un ensemble d'une indiscutable originalité.

____

(1) Medina : ville ou partie de ville enceinte de remparts.

Climat

Par suite de l'influence bienfaisante des alizés, le climat est très salubre et essentiellement tempéré. La température oscille entre 10° en hiver et 30 en été, avec une moyenne de 22 à 23°.

Le vent dominant est celui du Nord-Est. La brise de mer ne se fait guère sentir que pendant les mois d'été ; elle s'établit vers 10 heures du matin et abaisse la température pendant les heures chaudes du jour.

Le vent du Nord-Est imprime à la mer une impulsion qui amène à la surface des eaux froides venant des couches profondes dont la basse température provoque, en été, des brouillards et rosées abondantes contribuant à entretenir la fraîcheur de l'atmosphère et d'autre part bienfaisantes pour les végétations et les récoltes.

Comme station hivernale, Safi peut avantageusement concourir avec Madère et les Canaries.

Elle doit enfin devenir la station estivale et balnéaire de Marrakech lorsque les communications entre Safi et la capitale du Sud seront rendues plus faciles.

Population

La population totale de Safi est d'environ 22.000 habitants. Au dernier recensement elle se décomposait comme suit : Indigènes musulmans, 17.082 ; Israélites, 3.323 ; Européens, 690 (dont 368 Français, 201 Espagnols, 51 Anglais, etc.).

L'indigène musulman natif de Safi, *l'Asfioui*, est industrieux, travailleur, commerçant. Plusieurs indigènes ont acquis de grosses situations commerciales et font la commission, l'importation et surtout l'exportation. Ils ne sont nullement xénophobes et savent s'adapter à tous les procédés pratiques modernes capables de rendre, dans leur cadre musulman, leur vie plus agréable ou plus confortable, ou leur commerce plus fructueux. Certains sont associés ou ont des relations d'affaires étroites avec des Européens.

Le gros de la population est paisible et très peu fanatique, grâce en partie au mélange de sang berbère dont elle est empreinte et d'autre part à l'habitude déjà presque ancestrale de la fréquentation des étrangers.

La population israélite est également docile et soumise à notre administration qui lui a apporté l'entière sécurité. Les jeunes israélites, issus de l'Ecole de l'Alliance française, parlent et écrivent le français et fournissent des employés interprètes passables à des appointements relativement peu élevés.

Une certaine partie de la population espagnole est composée d'ouvriers du bâtiment qu'on emploie volontiers dans la construction des maisons européennes.

Détails historiques

Le passé de Safi est abondant en particularités qui intéresseraient les amateurs de la *petite histoire*. La fondation de Safi se perd dans la nuit des temps ; elle est certes fort ancienne, sans doute antérieure à l'invasion arabe ; sa position comme débouché d'une plaine fort riche et comme port le plus rapproché de Marrakech, l'indique tout autant que l'étymologie berbère de son nom (*Asfi* est un mot chleuh qui signifie fleuve, torrent). Les Phéniciens peut-être y passèrent (où n'ont-ils pas été ?). Mais pour nous en tenir au certain, Safi n'apparaît nommément dans l'histoire qu'au XVIᵉ siècle.

Les Portugais, en veine de conquête après avoir fondé la citadelle de Mazagan qui leur servit de point d'appui, jetèrent leur dévolu sur Safi dont ils ne purent s'emparer en 1507 que par la complicité de deux indigènes dont les annales de cette période ont gardé les noms : Ali et Yaia ben Tatouf ; de là ils rayonnèrent dans tout le Haouz et vinrent même jusqu'aux portes de Marrakech.

Pendant ce temps, Safi grandit, son commerce prospère ; elle devient la ville la plus importante de la côte. Mais cette prospérité est vue d'un mauvais œil par les Sultans qui prêchent la guerre sainte. L'hégémonie portugaise déclina, puis disparut ; en 1541, le dernier gouverneur portugais de Safi évacua la ville et mit à la voile.

Safi reparaît dans l'histoire en 1577. Henri III nomme Consul au Maroc le Marseillais Guillaume Bérard qui établit sa résidence à Safi. Il exerçait sa juridiction et sa protection sur tous les Européens du Maroc et avait le titre de *facteur pour les nations*.

A Safi furent signés les traités de commerce de 1631 et 1635 entre le chevalier de Razilli, envoyé accrédité du roi Louis XIII et le Sultan « Elguadid, Empereur de Maroc, Roy de Fez, de Suz et de Salé ».

Au XVIIᵉ siècle, Safi était, avec Agadir (Sainte-Croix), le port le plus important du Maroc méridional (1). Dans le Nord, Salé et Tétouan seules pouvaient rivaliser avec elle.

En 1767, le Consul Chénier, le père du poète et du conventionnel, fut accrédité comme agent diplomatique et s'installa à Safi. Il entreprit d'y écrire son gros livre, intitulé *Recherches historiques sur le Maroc*, qui fut traduit en anglais et où l'on trouve encore aujourd'hui de pittoresques détails.

---

(1) Un certain Thomas le Gendre, négociant de Rouen, vint s'installer à Safi au début du XVIIᵉ siècle et y demeura sept ans. (Cf. H. DE CASTRIES. *Sources inédites de l'Histoire du Maroc*, 1ʳᵉ série, t. III, p. 691).

Durant le XIX⁰ siècle, Safi, comme les peuples heureux, n'eût pas d'histoire et la flotte du prince de Joinville, qui allait bombarder Mogador, ne l'honora pas d'un coup de canon, même à blanc. Ce fut en somme la période de son déclin dont elle commence seulement à sortir pour suivre à nouveau le cours brillant de son ancienne destinée.

En effet, on peut déduire des quelques glanes historiques que nous avons rapportées le rôle de premier ordre joué par Safi, jadis, comme débouché du Haouz et comme port de Marrakech.

Ce n'est pas sans raison que les Portugais mirent tant d'acharnement à conquérir la ville et à la doter de si sérieuses fortifications. Ce n'est pas par l'effet d'un pur hasard que le premier agent diplomatique au Maroc, Bérard, et plus tard le Consul Chénier, s'installèrent en premier lieu à Safi et non ailleurs, ni que des traités importants y furent conclus. Si cette ville n'avait pas été en relations constantes avec Marrakech, séjour des Sultans et dont elle était le débouché à peu près exclusif, on s'expliquerait difficilement la sorte de privilège dont elle jouissait alors. Il y avait à cette époque un très fort courant d'échange entre la capitale du Sud et son port le plus rapproché. Ce courant a été légèrement dévié au cours des siècles et des perturbations politiques subies par le Maroc. Mais il ne peut que fatalement reprendre sous la paix française puisqu'il puise son élan dans une tradition elle-même basée sur des réalités d'ordre géographique et économique qui, hier comme aujourd'hui, ont gardé la même essentielle valeur.

LE PAYS ABDA

La tribu Abda formait avec ses voisins, les Ahmar, une confédération placée sous le commandement d'un même caïd. Lors de notre prise en mains du contrôle du pays, on conserva cette organisation, et le 26 novembre 1912 fut créé le Cercle Abda-Ahmar qui, avec le Cercle Doukkala, formait le Territoire Doukkala-Abda.

Le 1er Janvier 1914 les Ahmar étaient distraits du Cercle et rattachés à la Région de Marrakech.

Enfin, en Mai 1915 était constitué le Cercle autonome des Abda avec chef-lieu Safi.

Le Cercle des Abda est limité à l'Ouest par l'Océan ; au Sud par l'Oued Tensift ; à l'Est par la plaine de Marrakech, immédiatement par delà le massif de petites montagnes des Mouissat; au Nord par la plaine des Doukkala ; il présente une superficie d'environ 3.500 kilomètres carrés.

Ce territoire présente, en allant de l'Ouest à l'Est, une série de zones sensiblement parallèles à la côte et ayant chacune des caractères différents. En bordure de la côte, un plateau rocheux tombe sur la mer en falaises abruptes atteignant souvent 50 à 60 mètres.

La côte sur ce point est inhospitalière et ne présente aucun abri pour la navigation. A la limite Nord de cette falaise on rencontre la lagune naturelle de Oualidia, en territoire Doukkala. A la limite Sud, tout près de l'embouchure du Tensift, se trouve l'ancien port de Souïra Guedima (la vieille Mogador), en territoire Chiadma. Il serait facile d'aménager ces deux abris pour recevoir les bateaux de faible tonnage.

Cette bande côtière s'étend sur une largeur de 20 à 30 kilomètres et une longueur d'environ 90 kilomètres. Elle présente une surface légèrement mamelonnée, formant une série de cuvettes de peu de profondeur, sans écoulement, dont le fond et les pentes sont cultivés. Les saillies sont formées de collines pierreuses et incultes couvertes d'une maigre végétation de palmiers nains, d'asphodèles et de genêts. Cette région côtière, nommée Sahel, est limitée à l'Est par une série de collines de faible altitude au-dessus des plateaux (50 à 60 mètres ; altitude réelle, 100 à 120 mètres), appelées Rouakeb, mot arabe signifiant observatoire.

Entre le Rouakeb et le massif des Krarma Mouïssat s'étend une plaine très peu large au Sud où ces deux rides se rejoignent vers le Tensift et qui va en s'épanouissant vers les Doukkala à la limite desquels elle atteint 30 kilomètres de largeur. Cette plaine est très riche et offre de merveilleux terrains de culture, formés de *tirs* noirs, et dont les parties situées dans le Nord, vers les Sahim, les Chahli et le Bhrati, ont la réputation d'être supérieures encore aux *tirs* des Doukkala et de la Chaouïa. Ces *tirs* sont malheureusement peu étendus et couvrent à peine la dixième partie du territoire, environ 750 kilomètres carrés sur 3.500. Cette plaine est limitée à l'Est par des collines qui séparent le pays Abda du pays Ahmar. L'altitude de ces collines très accidentées atteint 600 mètres. Elles tombent à pic à l'Est sur l'immense plaine des Ahmar.

Population

La population compte environ 150.000 habitants, soit 43 habitants par kilomètre carré.

Cette population se réclame de l'origine arabe, comme la plupart des populations musulmanes, mais est fort probablement d'origine berbère et très peu imprégnée de sang arabe. En tous cas, elle est fortement arabisée et parle uniquement la langue arabe. Les indigènes des Abda sont très travailleurs et très commerçants ; paisibles cultivateurs, même aux temps les plus troublés de l'anarchie marocaine, ils n'ont pas suscité de difficultés sérieuses au Maghzen.

Ces indigènes sont tous sédentaires et cultivent presque tous un lopin de terre auprès duquel ils habitent, soit dans des nouâlas, soit même dans de vraies maisons maçonnées.

En dehors de la ville de Safi, il n'y a aucune agglomération importante. Les douars sont petits et fort nombreux. Il existe également un grand nombre d'azibs isolés dans la campagne, ce qui est un signe de la sécurité relativement grande qui régnait dans le pays, même avant notre occupation.

Voies de communication

Elles ne sont encore représentées que par des pistes, dont les plus importantes ont été aménagées de façon à y permettre la circulation des automobiles à peu près en toutes saisons. Citons les pistes suivantes :

De Safi à Mogador. — Distance entre les deux villes, 150 kilomètres; longueur sur le territoire du Cercle, 55 kilomètres.

De Safi à Marrakech. — Distance entre les deux villes, 145 kilomètres ; longueur sur le territoire du Cercle, 45 kilomètres.

De Safi à Mazagan, par Dar-Si-Aïssa. — Distance entre les deux villes, 163 kilomètres; longueur sur le territoire du Cercle, 60 kilomètres.

De Safi au Souk Ed-Djemâa-es-Sahim (le souk le plus important de la tribu). — Longueur, 40 kilomètres.

De Safi à Oualidia. — Longueur, 60 kilomètres, et *embranchement jusqu'au Cap Cantin*, d'une longueur de 18 kilomètres.

En automobile, par les pistes actuelles, on met environ six heures pour effectuer le trajet Safi-Mogador ; sept à huit heures pour Safi-Marrakech ; cinq heures pour Safi-Mazagan. La durée de ces trajets sera très diminuée par la transformation des pistes en routes.

Marchés

Les marchés de la tribu sont au nombre de dix, y compris celui de Safi qui a lieu le jeudi. Un d'entre eux présente une importance particulière. Situé au milieu de la riche plaine des Sahim, à peu près au centre de la tribu, il est en quelque sorte le nœud vital économique de cette dernière. Fréquenté hebdomadairement par plus de 5.000 indigènes, il est le siège de transactions relativement considérables. Le commerce allemand avait pressenti la valeur de ce souk au point de vue économique en y construisant de grands entrepôts et magasins avec agents à demeure. Ces établissements sont actuellement occupés en location par une firme anglaise. Le Souk Ed-Djemâa-es-Sahim peut devenir un centre de pénétration très remarquable. Le Souk-es-Sebt, à 25 kilomètres au Sud de Safi, sur la piste de Mogador, paraît également destiné à un avenir intéressant (1).

Curiosités régionales

Safi est un centre de petites excursions assez faciles, soit en automobile, soit à mule, soit enfin par ces deux moyens successivement combinés. Dans les environs immédiats :

Le marabout et la source de Sidi-Bou-Zid (2 kilomètres), au sommet d'une falaise. Vue splendide sur la ville et le port.

Le village de Sidi-Ouassel (3 kilomètres), siège d'une zaouïa (chapelle, lieu consacré) et séjour de chorfa (représentants de l'aristocratie religieuse).

Le Rocher du Juif (Jorf-el-Judi, 13 kilomètres). Trajet pittoresque sur le bord de la mer qui rappelle, en cet endroit, les côtes de Bretagne.

Le Bordj Nador (littéralement la tour Belle-Vue, 6 kilomètres). Accès difficile ; ancienne vigie portugaise située au cap Safi, au point culminant de la falaise (150 mètres d'altitude). Vue sur la côte jusqu'au Cap Cantin vers le Nord et le Djebel Hadid vers le Sud. Le regard y embrasse à peu près la totalité de la région Centre et Sud des Abda.

Dans l'intérieur de la tribu ou avoisinant ses limites.

Au Nord :

La Kasbah de Sidi-Aïssa-ben-Omar (25 kilomètres), le grand Caïd des Abda, demeure souvent décrite par les voyageurs, type intéressant du château féodal marocain, avec son enceinte crénelée, entourant de nombreuses maisons, des communs et un souk, et ayant ainsi l'allure d'une petite ville privée, si l'on peut s'exprimer ainsi.

Le Cap Cantin (30 kilomètres), où l'on élève en ce moment-ci un phare qui sera chronologiquement le deuxième du Maroc, après celui du Cap Spartel. L'importance du Cantin est très grande comme point de repère pour les navigateurs ; les paquebots longs

---

(1) Voir aux annexes le tableau des marchés de la région des Abda.

courriers d'Afrique Occidentale ou d'Amérique du Sud reconnaissent en général la terre au Cap Cantin. Près du Cap Cantin se trouve le petit abri naturel de *Bédoussa.*

A la frontière des Doukkala, le port naturel *d'Oualidia* (55 kilomètres), sorte de lagune étroite s'enfonçant dans les terres parallèlement au rivage et dominée par une falaise élevée que commande une casbah ; pourrait être aménagé en port de pêche, bien que sa passe soit assez fortement ensablée.

A l'Est :

Le Lac Zima (55 kilomètres) ou bled Ahmar, lac salé sans profondeur, à l'étendue variable suivant la tombée des pluies, et qui approvisionne de sel toute la région.

Au Sud :

La région d'*Enngua* et de *Sidi-Amara,* reliée à Safi par une piste, offre des sites assez variés.

L'Oued Tensift (58 kilomètres), dont le cours inférieur épuisé par les irrigations est d'un assez faible débit, passe non loin de collines couvertes de bois d'arganiers dont le massif est accidenté et pittoresque.

Souira Guedima (38 kilomètres), en bled Chiadma, un peu au dessus de l'embouchure du Tensift ; ancienne citadelle portugaise ruinée sur le bord de la mer.

Tourisme

Safi est destinée à devenir le port de débarquement pour les touristes se rendant à Marrakech. Dès qu'une route véritable reliera les deux villes, le voyageur débarqué le matin du paquebot pourra, grâce à un service d'automobiles bien fait, se trouver pour midi dans la capitale du Sud.

Enfin, lorsqu'un réseau de routes dans un avenir rapproché reliera entre elles Safi, Marrakech et Mogador, les agences de voyages seraient bien avisées d'organiser sous ce titre *Excursions dans le Maroc Méridional,* une sorte de trajet circulaire permettant la visite de ces trois villes si originales. Les touristes débarqueraient à Safi, gagneraient Marrakech, puis Mogador en cars automobiles et enfin reviendraient à Safi.

II — RENSEIGNEMENTS AGRICOLES

AGRICULTURE

Terrain

On sait que la grande plaine côtière comprise entre l'Océan et l'Atlas, de Rabat au Cap Guir, est appelée le Houz. Le mot Houz qui signifie province (1) est une abréviation de *Houz Marrakech* ; c'est en effet la province par excellence, *provincia*, et véritablement le cœur du Maroc. « Les conditions de climat sont extrêmement favorables, en particulier à la culture des céréales. Cette partie du Maroc, bien exposée au vent d'Ouest, reçoit des pluies relativement abondantes. Plus du *tiers* de la surface du sol est cultivé par les indigènes, proportion bien rarement atteinte au Moghreb. C'est l'ancienne province de Temesna de Léon l'Africain, si prospère au Moyen-Age, ruinée par les Almoravides, les Hilaliens et le Maghzen et à laquelle la paix française ne peut manquer de rendre son ancienne prospérité ». (A. BERNARD.)

Toute cette vaste région est d'une fécondité si remarquable qu'elle lui a valu le nom de *Beauce Marocaine* de la part des premiers colons.

C'est là que se rencontrent les *tirs* ou terres noires, mais c'est chez les Abda et les Doukkala qu'ils offrent le plus d'épaisseur et de continuité. En Abda, le sol composé de tirs, moins argileux que les terres de la Chaouïa, conserve l'eau à une profondeur plus grande que celles-ci et se prête à un labourage toujours facile quel que soit le régime des pluies, tout en gardant une humidité suffisante pendant la germination.

Les tirs sont d'une profondeur, d'une teneur et d'une étendue remarquables dans la portion Nord-Est des Abda, dans les Sahim, les Idala et les Bkhati (à la limite des Doukkala, à environ 40 à 55 kilomètres de Safi).

---

(1) Littéralement : grande banlieue, environs.

Dans les tirs, le rendement atteint facilement de 20 à 30 pour 1.

En dehors des *tirs* proprement dits, on trouve en Abda comme dans les Doukkala :

Le *hamri* ou sol rouge, léger, fertile, mais se désséchant plus rapidement que la terre noire.

Le *harroucha*, terrain argilo-calcaire, souvent pierreux.

Le *remel*, terrain sablonneux.

Le hamri, le harroucha et le remel se montrent, sinon aussi fertiles que les tirs, du moins très aptes à la culture pourvu que les pluies soient assez abondantes.

Ces terres renferment une proportion très importante de carbonate de chaux, d'azote, de potasse et d'argile (surtout les tirs noirs et le hamri) et suivant les régions et les variétés autres du sol, un coefficient plus ou moins élevé, mais presque toujours constant, d'acide phosphorique, de soude, de fer, de manganèse et de sable silicieux.

Ces terres sont assez soigneusement sarclées et désherbées, mais ne sont pas fumées et rarement laissées en friches. Les feuilles des différentes plantes, les tiges des céréales et des graminées qui y sont cultivées, restant en général sur place, se pourrissent et avec les excréments abandonnés par les animaux, au moment de la pâture, forment une couche de terreau suffisante pour permettre à une nouvelle récolte de pousser convenablement.

Modes d'exploitation

Le mode d'exploitation rurale des indigènes est des plus primitifs et n'a pas varié depuis l'antiquité la plus reculée. Empruntons ce tableau d'une rigoureuse exactitude (1) à M. Augustin Bernard :

« On laboure au moyen d'une charrue en bois, sans roues, munie d'un sabot en fer d'une dizaine de kilos, qui s'use très vite ; on y attelle tous les animaux possibles et même les femmes ; il n'est pas rare de voir un chameau, un âne et une femme tirer la charrue côte à côte. Le harnachement est des plus primitifs ; il se compose le plus souvent d'un bâton placé sous le cou de l'animal, relié à un autre bâton placé sous le ventre, le tout attaché à la charrue au moyen de cordes. Avec un pareil système, on ne saurait labourer que les terres qui viennent d'être détrempées par les pluies. Le sillon n'étant pas beaucoup plus grand que celui d'une forte herse, on peut semer avant de labourer, afin de s'éviter la peine de herser ensuite. La moisson se fait avec des faucilles, quelquefois avec un couteau ; même, dans certaines régions, on arrache simplement les chaumes avec la main. Une charrue grossière, une houe pour le

---

(1) Sauf toutefois en ce qui concerne l'attelage des femmes aux charrues, que nous n'avons pas remarqué, tout au moins dans le Houz.

jardinage, une faucille, un couteau, tels sont les instruments du paysan marocain. Les épis sont foulés par les animaux sur des aires en rase campagne ; pour vanner le grain, on le jette en l'air avec une pelle de bois et on laisse le vent emporter la balle. Le grain est recueilli dans des sacs ou tcillis ; la paille, hachée par le sabot des mules (teben), est mise en réserve. »

Les colons européens usent naturellement de moyens plus perfectionnés et plus adaptés à nos coutumes et ont introduit les machines agricoles.

Ajoutons toutefois que les indigènes sont très vivement intéressés par toutes les innovations dont ils reconnaissent le caractère pratique et ne témoigne nulle répugnance à les adopter pourvu qu'ils soient quelque peu guidés dans leurs essais.

Cultures pratiquées

Les indigènes divisent leurs cultures annuelles en cultures de *bekri* (précoces) et cultures *mazouzi* (tardives). La culture *bekri*, qui se fait à l'automne, comprend l'orge, le blé, les fèves. La culture *mazouzi*, qui se fait à la fin de l'hiver, comprend les pois chiches, les lentilles, le maïs, le lin.

Par ordre d'importance les cultures les plus usitées dans la région des Abda sont celles de *l'orge, du blé, du maïs, des fèves, des pois chiches*.

Cultures possibles

L'avoine a été tentée avec le plus grand succès par les colons européens. *La pomme de terre* pourrait être cultivée sur bien des points. Les prairies artificielles paraissent possibles dans certaines parties. Selon la nature du terrain la luzerne, le sainfoin, le trèfle donneraient des fourrages qui, verts, desséchés ou pâturés d'une façon raisonnée, constitueraient une denrée relativement bon marché; en même temps qu'elle serait un facteur puissant de l'élevage.

Arboriculture — Cultures maraîchères

Non seulement les traditions indigènes, mais les conditions climatériques et de nombreux échantillons ayant subsisté, attestent que dans un passé relativement récent tout le Haouz et plus spécialement la région côtière du Sahel étaient abondants en bois d'oliviers, d'orangers et de grenadiers. Mais comme on le sait, l'arabe livré à lui-même est un grand dévastateur qui ne replante pas ce qu'il coupe et laisse avec insouciance pacager les animaux dans les champs où de jeunes plants tendraient à se reformer. D'autre part les guerres intestines de tribus à tribus ou de fractions de tribu à fractions favorisaient encore la disparition des arbres, que les uns coupaient surtout dans le voisinage des maisons pour éviter les surprises et les embuscades, et les autres, en terre envahie, par représailles.

L'olivier, le grenadier, le caroubier, l'oranger se développeraient donc au Sahel s'ils étaient réintroduits par une initiative assidue, car ils y trouvent un climat maritime favorable.

Il existe dans la région de Dridrath (11 kilomètres de Safi) des vergers réputés ; déjà des Européens y ont acquis des orangeries et entendent les exploiter de façon méthodique et rationnelle. On pourrait également créer des olivettes dans la région de l'Oued Tensift (50 kilomètres de Safi).

L'arganier, cet arbre inconnu partout ailleurs qu'au Maroc, fait son apparition dans le Sud des Abda. Le noyau du fruit produit l'huile consommée par les indigènes. Il y aurait lieu d'envisager si, par des procédés de broyage industriellement pratiqués, l'extraction de l'huile ne serait pas susceptible de fournir un rendement bien supérieur à celui actuel, à la fois en qualité et en quantité.

La culture maraîchère, ayant pour débouché la ville de Safi, pourra dans la banlieue de cette ville prendre dans l'avenir quelque extension, car la culture potagère est généralement négligée par l'indigène ; elle n'est pas praticable dans les régions de grandes cultures où il n'existe que des puits rares et très profonds ; la culture maraîchère se localisera dans le Sahel où les puits sont à fleur de terre et où le terrain se prête à cette culture.

En ce qui concerne les primeurs, petits pois, haricots, artichauts, tomates, citrons, mandarines, etc., l'oasis de Marrakech restera le grand centre de cette culture, mais Safi transitera tous ces produits sur les marchés d'Europe, grâce à sa courte distance de la capitale du Sud.

Achats de terrain — Prix des terrains

On ne saurait trop le répéter, le Maroc n'est pas un pays comme l'Amérique du Sud ou même l'Algérie où il est possible d'obtenir des concessions gratuites, ou à des loyers minimes, d'un certain nombre d'hectares sous condition de les défricher et de les cultiver.

Dans tout le Maroc et en particulier dans le Haouz, le pays est un territoire de petits propriétaires indigènes, travailleurs, durs à la tâche et âpres au gain, qui vivent exclusivement du produit de leur sol et de l'élevage. La propriété y est très morcelée, et il existe très peu de grands domaines d'un seul tenant. En bonne terre, les prix atteignent le taux de 300 à 400 Pesetas l'hectare, même entre indigènes. Les hamri se vendent facilement 200 à 275 P.H. ; le remel de 50 à 100 P.H.

La transmission de la propriété, qui donnait lieu à des mécomptes autrefois, par suite de l'industrie florissante des titres fabriqués de toute pièce, a été régularisée par notre Protectorat. Désormais l'achat est effectué sous le contrôle des autorités françaises et la responsabilité par devers celles-ci du Caïd dans la circonsciption duquel se trouve le terrain ; ce qui donne à l'acheteur le minimum de craintes quant à des contestations éventuelles touchant le bienfondé de la vente.

La location de terres domaniales commence à se pratiquer à des taux jusqu'à présent relativement peu élevés.

Culture directe — Main-d'œuvre

La culture directe est sans contredit le meilleur genre d'exploitation permettant à l'Européen de faire rendre le maximum à son entreprise agricole.

Elle est rendue avantageuse par le coût, réduit jusqu'à ce jour, de la main-d'œuvre. Les ouvriers agricoles à l'année sont engagés pour une somme de 200 à 250 francs par an. Les laboureurs sont payés à raison de 0 fr. 50 par jour. Les moissonneurs sont payés 1 fr., 1 fr. 25 à 1 fr. 50 par 25 brasses carrées (1). Les travaux d'entretien, sarclage, binage, désherbage, faits d'ordinaire par les femmes et les enfants, se paient 0 fr. 25 la journée.

Il existe déjà une vingtaine de fermes européennes dans la région des Abda ; elles font usage pour la plupart de machines agricoles économiques et pratiques.

Modes d'associations agricoles les plus couramment employées

1° L'association agricole à caractère de spéculation, qui n'est qu'une opération de banque à un taux souvent élevé. L'Européen est une sorte de commanditaire.

2° L'association agricole effective se rapprochant du métayage.

a) Les terres appartiennent à l'indigène. — L'Européen confie des semences à un indigène, par contrat devant adoul (notaires), à charge de les faire fructifier. Le partage s'effectue par moitié. Ce système nécessite une surveillance constante.

b) Les terres appartiennent à l'Européen. — On alloue à l'indigène comme rémunération environ le septième de la récolte. Le *Kammès* laboure, sème, sarcle, bine, moissonne, entretient les bœufs et animaux autres dont il a la charge. Il est nourri par le propriétaire.

____

(1) Dans les bonnes années où l'immigration des indigènes du Sous est moindre, les chiffres mentionnés sont sensiblement supérieurs.

ÉLEVAGE [1]

Notes sur les diverses espèces

Le Maroc tire de l'élevage d'abondantes ressources ; mais l'industrie pastorale indigène est demeurée à l'état barbare. « Le Marocain ne se soucie pas de l'amélioration des races et s'en remet à Dieu pour la multiplication des sujets ». Il semble donc qu'il y ait là pour l'Européen, apportant à l'élevage une activité méthodique et rationnelle, une source de revenu fort intéressante.

Examinons brièvement les différents représentants du cheptel dans la région des Abda.

Le *bœuf* (2) est de belle race et supérieur à ses congénères chétifs et de petite taille d'Algérie et de Tunisie. Bien que les plus beaux troupeaux soient dans le Gharb, la région des Beni-Ashen et des Zaïan, les Doukkala et les Abda présentent des spécimens nombreux et dignes d'attirer l'attention. Les divers sujets de cette région peuvent se rattacher à deux types principaux :

1° Un type petit et léger s'affiliant à la race ibérique et dont la taille varie de 1ᵐ 20 à 1ᵐ 25. Le corps a une ligne dorsale souvent infléchie, la poitrine est ample ; la croupe courte, pointue, la queue attachée haut. La tête est relativement fine. La robe offre toutes les nuances du fauve, depuis le jaune jusqu'au brun. Le tempérament est énergique, sobre et possède une réelle aptitude au travail moteur.

2° Un plus grand type d'une taille variant de 1ᵐ 25 à 1ᵐ 32 (au dernier concours de primes de Safi, il y avait quelques sujets de 1ᵐ 37 assez bien conformés). Ce genre, plus fort, rappelle quelquefois la vache suisse. Le train antérieur est bon, l'encolure forte, quant au train postérieur, il a quelque tendance à s'élargir. D'une manière générale, l'ossature est manifestement plus caractérisée que dans le type précédent.

Engraissés au pâturage ou sur les chaumes, les bœufs des Abda atteignent aisément le poids de 350 à 400 kilogrammes. La viande fournie est de première catégorie. Les rendements en viande oscillent entre 46 et 50 pour cent. Il serait donc très utile d'améliorer la race

---

(1) Nous devons sur cette matière à M. Gabriel Allouche, notable commerçant et colon-éleveur à Safi, d'intéressants renseignements.

(2) Dernier recensement de la région Abda : 30.000 têtes.

en choisissant les géniteurs. En procédant à une sélection rigoureuse, il y aurait des chances de produire une race plus résistante
et mieux conformée. Tout est à faire sur ce chapitre. L'importation
d'une bonne race française, de la race bretonne surtout, ne pourrait que donner de bons résultats. On pourrait essayer également
des croisements de zébus (1). En un mot, les éléments sont bons
malgré l'insouciance et l'ignorance des indigènes qui ne se sont
jamais préoccupés de l'obtention d'une race bovine meilleure; il
serait relativement facile à des colons actifs d'en créer en peu de
temps une excellente, ce qui — nous le répétons — par suite de la
diminution causée par la guerre en France du cheptel bovin, serait
une source de revenus importante en même temps qu'une œuvre
d'utilité publique à accomplir. L'état sanitaire de la race bovine
est excellente; la tuberculose quasi-exceptionnelle.

Pour assurer la reconstitution du cheptel, l'exportation des
vaches a été interdite ainsi que l'abatage des vaches en état de
reproduire. Avant la sécheresse de 1913 qui a diminué le cheptel du
Haouz, les agents indigènes des maisons de Tanger faisaient de
nombreux achats en Abda sur les marchés du Djemâa et du Sbet,
achats qui étaient exportés de Mazagan sur Tanger. Logiquement
le trafic des bœufs marocains sur la France par Marseille, devrait
être appelé à se développer largement. Marseille supplée, en effet,
à l'insuffisance de l'élevage national par l'importation du bétail
algérien et tunisien, le premier sans limitation, le second à concurrence de 25.000 bœufs, 100.000 moutons, 1.000 chèvres et
1.000 porcs. En 1911, la sécheresse ayant diminué, le contingent
algéro-tunisien, en a porté de 1.500 à 10.000 bœufs, la part
exempte de droits pour l'Afrique Occidentale, mais les difficultés de la traversée n'ont pas permis au Sénégal d'atteindre
ce chiffre. Le Maroc, avec sa traversée facile sur Marseille,
grâce à l'abri de la côte d'Espagne serait bien mieux placé
pour fournir. Malheureusement, les sujétions imposées à ce
trafic l'entravent. Il faut, en effet, que, après la visite sanitaire à Marseille, les bœufs soient abattus dans les huit jours,
soit sur place, soit dans un abattoir sur lequel on doit les
diriger en wagon plombé. Ce délai trop réduit ne permet pas toujours de remettre en état les animaux fatigués par un long voyage
par terre et par mer, et de plus il permet à l'acheteur une spéculation facile, puisque son vendeur, tenu par ce délai rigide, est
obligé de vendre à tout prix. On peut espérer que ce régime regret-
table disparaîtra et que les bœufs marocains pourront être intro-
duits en France, comme en Espagne et en Italie, avec la seule

---

(1) Un certain nombre de taureaux zébus de l'Afrique Occidentale
française ont été acquis et mis à la disposition d'éleveurs de différentes
régions, afin de faire la saillie des vaches qui leur seront présentées
(Juillet 1915).

mesure des précautions sanitaires. Le droit d'entrée en France est de 10 francs les 100 kilos.

L'exportation des bœufs n'est permise que par Casablanca, Tétouan et Tanger.

Casablanca n'exporte guère, les besoins de la population croissante et surtout du corps expéditionnaire absorbant la production.

Tétouan n'exporte qu'une faible partie ; le courant principal est donc constitué par le débouché de Tanger, exportant vers Gibraltar et l'Espagne.

Le trafic vers Oran se fait par Fez, Taza et la frontière algérienne ; ou encore par voie de mer par Melilla, port franc.

Il est à présumer qu'après la guerre ces dispositions seront modifiées et permettront l'exportation plus facile en France du cheptel bovin marocain.

Le *mouton* (1) tient une place quasi-prépondérante dans le troupeau marocain et son élevage est pratiqué dans tout le Haouz. A deux types distincts peuvent se rattacher les moutons de la contrée. L'un, petit et grêle, l'autre, à ossature plus forte. Le premier est à queue longue, à oreilles et tête noires ou feu et sans cornes. L'autre plus fort est à la fois plus élevé et fortement musclé, les cornes sont en cor de chasse ou arquées en avant et en bas.

L'espèce ovine forme la base de l'alimentation carnée de la population indigène. Ces animaux sont dans un état de chair moyen et parfois satisfaisant. La viande fournie est saine ; par contre, les abats portent souvent des parasites variés. Dans le foie, on rencontre des douves et des kystes hydatiques. Quant au poumon, il offre fréquemment des lésions de broncho-pneumonie venimeuse. L'intestin donne asile à diverses espèces de ténias. Leur laine est de bonne qualité.

Au point de vue type, l'espèce ovine demande à être améliorée et les considérations exposées relativement à l'espèce bovine valent ici également.

Le droit de sortie est de 0 fr. 30 par la frontière d'Algérie. La sortie par cette dernière voie a été de 180.000 en 1911.

La *chèvre* (2) se rencontre surtout en troupeaux parfois importants dans la région méridionale des Abda, vers la limite des Chiadma, et dans les Chiadma eux-mêmes. Le type le plus courant est le résultat d'un croisement avec le type caprin espagnol.

Le *porc* (3), introduit au Maroc avec la colonisation, y réussit

---

(1) 108.872 têtes.

(2) 22.875 têtes.

(3) 4.000 têtes.

très bien. La variété introduite par les premiers éleveurs européens dans la région de Safi se rattache à la race ibérique. La face est allongée, effilée, étroite à sa base. La tête porte des oreilles longues et dirigées presque horizontalement en avant. Le cou est court, le corps est long et cylindrique, la ligne dorsale droite, la fesse arrondie. Les membres sont fortement musclés. La peau porte des soies noires, grises ou rousses. La chair est de saveur agréable et de bonne qualité. Le porc est élevé autour de la ville en demi-stabulation et dans l'intérieur des terres en pâturage exclusif. De grands troupeaux ont été créés par des éleveurs français, près de la Zaouia de Moul Bergui (au nord de Kasbah Si Aïssa, 30 kilomètres de Safi) où les pâturages abondent et où les puits sont à fleur de terre.

Le prix du kilo vif est de 1 franc. Le marché principal de vente au Maroc est Casablanca, par suite de la densité de la population européenne.

Il semble y avoir dans l'élevage de cet animal un avenir certain, en raison du prix toujours élevé de sa viande en France. Son exportation sur la France et l'Espagne serait assurée.

Le *cheval* (1) est plutôt petit, docile, sobre, mais la race est visiblement dégénérée et les beaux types équins, assez rares. Un dépôt de remonte a été créé à 25 kilomètres de Safi, au Souk-et-Tleta; il est déjà très fréquenté par les indigènes qui y amènent tous les ans un nombre croissant de poulinières.

Le prix moyen d'un cheval varie de 80 à 125 douros hassani. Il y aurait intérêt et profit pour l'Européen à s'occuper attentivement de l'élevage du cheval, qui même réduit aux seuls débouchés locaux, fournirait déjà de beaux bénéfices.

Le *mulet* (2), assez répandu au Maroc, représente une race locale, rustique, analogue au mulet algérien. Sa conformation est assez réussie, son énergie, sa résistance et son pied sûr constituent autant de qualités qui font de lui un auxiliaire précieux. Il peut porter de 200 à 250 kilos, en parcourant 30 kilomètres par jour et d'une façon régulière. Sa ration n'est que de 4 à 5 kilos d'orge et de la paille. La mule est la monture de luxe du riche Marocain ; aussi, le prix d'une belle mule peut-il monter de 1.000 à 1.500 Pesetas, chiffre rarement atteint par le coût du plus beau cheval.

On pourrait essayer la monte des juments du pays, les mieux conformées, par des baudets du Poitou.

L'*âne* (3) est en général, de petite taille, râblé, robuste et assez bien fait. (Prix moyen 100 à 150 Pesetas Hassani).

---

(1) 2.454 têtes.

(2) 740 têtes.

(3) 10.936 têtes.

Modes d'exploitation

Là encore, on a le choix entre l'élevage poursuivi sous la surveillance directe du colon européen ou par association avec l'indigène.

C'est le deuxième mode qui a été et est encore le plus usité au Maroc. « Pour le mouton, par exemple, on peut confier un troupeau à des indigènes auxquels en échange de la surveillance des bêtes on cède une certaine proportion d'agneaux et la libre disposition du lait ; comme à certaines époques de l'année les moutons sont très bon marché, on peut, grâce à la tonte, récupérer le quart au moins du prix d'achat, et, comme l'entretien des bêtes ne coûte rien, on arrive à se constituer ainsi un troupeau à peu de frais. Mais tant vaut l'associé, tant vaut l'association ; comme dans tous les systèmes dérivés du métayage, si l'associé est malhonnête, il ne déclare qu'une partie de la récolte et garde le reste ; pour les moutons, il vend les meilleurs et les remplace par des mauvais, ou affirme tout simplement qu'ils sont morts et représente des peaux achetées ; pour les bœufs même qui sont marqués il vend la viande sans la peau qu'il apporte ensuite d'un air contrit ». (A. BERNARD.)

Ce mode d'exploitation se concevait au temps où les sorties dans le bled étaient difficiles par suite du mauvais état des pistes et les installations dangereuses à cause du brigandage à main armée, mais aujourd'hui, la circulation devenue aisée et les attaques des azibs suivies de razzia des troupeaux n'étant plus à craindre, on ne saurait trop préconiser l'élevage direct.

La région du Tensift (une journée à cheval ou à mule, deux heures et demie en automobile) se prêterait fort bien à l'industrie de l'élevage. La grosse question réside dans la nécessité d'avoir à proximité des abreuvoirs ne tarissant jamais par suite de la sécheresse; or, l'oued n'est jamais à sec, même pendant les étés succédant aux hivers les moins pluvieux ; en outre, la présence de l'arganier fournit, grâce au tourteau d'argan, une bonne alimentation aux bestiaux.

Un capital de 15.000 à 20.000 francs serait nécessaire pour achat de troupeaux, de paille et d'orge, et constructions de hangars sommaires, soit à la mode indigène du type des noualas en chaume, soit en planches et recouverts de tôle ondulée.

Ajoutons que l'administration se préoccupe du forage des puits dans les régions où l'eau est à une trop grande profondeur et a l'intention de créer ainsi des points d'eau ne tarissant pas l'été.

Enfin, un vétérinaire-major assure, avec résidence à Safi, le service des épizooties pour toute la région.

Quelques vérités à l'usage des futurs colons ou éleveurs

On ne saurait trop connaître, dans le grand public de la Métropole, cette vérité primordiale que nous avons énoncée plus haut, à savoir que si le Maroc est encore insuffisamment exploité, recèle de belles richesses et peut ouvrir une intéressante et fructueuse carrière à l'activité française, *ce n'est pas un pays neuf* où il soit facile, sitôt sa tente plantée, d'obtenir des dizaines ou des centaines d'hectares n'attendant béatement que d'être mis en valeur.

Il faut donc commencer par se constituer à beaux douros comptants un domaine. Or, ceci n'est pas toujours réalisable immédiatement: le fellah, très attaché à son lopin, ne s'en débarrasse que parcelle par parcelle, pour des raisons graves et à la dernière extrémité. D'autre part, la constitution d'un domaine d'un seul tenant est assez malaisée, la propriété étant fort morcelée.

Cette première difficulté résolue, intervient le facteur de l'expérience locale qui, s'il est négligé, peut donner lieu à de graves mécomptes.

Déplorables ont été et sont encore ces livres ou brochures où des auteurs emplis de trop de zèle apprennent à faire fortune au Maroc pour 10.000 ou même 5.000 francs, ouvrages s'accompagnant de devis fort précis des frais de première installation qui paraissent tout prévoir — sauf hélas l'énorme imprévu provenant de l'inexpérience du pays et des habitudes indigènes. Résultat le plus clair : le naïf qui s'est embarqué sur la foi de si minutieuses promesses court, plus de neuf fois sur dix, à la ruine de son petit capital et de ses espérances. Il s'en retourne donc aigri et dégoûté dans la Métropole et fait une campagne à fond de train contre le pays où il n'a récolté que des amertumes, risquant ainsi d'arrêter sur le quai d'embarquement tel autre qui mieux renseigné eut peut-être réussi.

Il est donc temps de réagir contre une réclame maladroite qui finit par aller à l'encontre des intérêts véritables de la colonisation française.

En foi de quoi, à quiconque

1° Désire tenter fortune au Maroc avec le maximum de chances de succès ;

2° Est possesseur d'un petit capital d'un minimum de 25.000 à 30.000 francs ;

3° Possède une compétence technique réelle sur les questions d'agriculture et d'élevage ;

nous donnerons ces conseils pratiques tirés de la vision immédiate des faits :

a) Louer une maison d'habitation dans une ville de la côte — à Safi, par exemple, puisque cette monographie a trait à cette ville et à sa région — acheter une monture ou un attelage et, la circulation offrant à présent toute facilité et toute sécurité, battre la région aux fins de la connaître ;

b) Considérer ses premiers mois de séjour comme une sorte de stage d'études, les quelques opérations d'association agricole ou d'élevage que l'on tentera n'ayant pour but que d'accoutumer aux affaires entre européens et indigènes, et subsidiairement de couvrir, par des bénéfices en quelque sorte négatifs, tout ou partie des débours ;

c) Au bout de quelque temps d'expérience, après avoir noué des relations avec les indigènes, interrogé et vu à l'œuvre les anciens colons, apprécié les avantages et inconvénients de telle région par rapport à telle autre, bref, ayant acquis des éléments de comparaison, saisir les occasions favorables d'achat de terrain, amorcer la culture directe et évoluer vers ce mode exclusif d'exploitation, tout en le menant de front encore longtemps avec les régimes mixtes de l'association.

En un mot, ne pas se hâter ou tout au moins se hâter lentement, voir sur place longtemps et bien, et sacrifier à l'acquisition d'une expérience précieuse et indispensable, le souci du lucre immédiat.

Telle est à notre avis la seule méthode apte à donner de bons résultats et par laquelle on puisse réellement gagner de l'argent ou même faire fortune au Maroc, s'il plaît à Dieu, comme disent les musulmans.

III — RENSEIGNEMENTS COMMERCIAUX ET INDUSTRIELS

LE COMMERCE DE SAFI

Son rang

En 1912 (1), *à l'importation*, Safi occupait le quatrième rang parmi les ports du Maroc :

          Casablanca .... Fr. 40.000.000 soit 30 %
          Larache ....   » 21.000.000 »   16 %
          Tanger ....   » 18.500.000 »   14 %
          Safi ....   » 13.800.000 »   10 %

Viennent ensuite Mazagan, Rabat et Mogador.

La même année, *à l'exportation*, Safi occupait le deuxième rang.

          Casablanca .... Fr. 23.000.000 soit 35 %
          Safi ....   » 15.000.000 »   22 %

Viennent ensuite Mazagan, Mogador, Tanger et Larache.

---

(1) Nous prenons l'année 1912 comme année-type, caractérisée par une bonne récolte de céréales, où joua normalement la balance du commerce, c'est-à-dire l'équilibre entre le chiffre des importations et celui des exportations. En 1913, le premier fut beaucoup plus accentué que le second par suite de l'exceptionnelle sécheresse qui provoqua l'importation de céréales, fait paradoxal ou quasi-tel au Maroc. L'année 1914 a subi la perturbation et le contre-coup de la guerre pendant son deuxième semestre.

Coefficients d'exportation

En 1912, Safi exporta :

Orges (45.000 tonnes). 29 %   Casablanca. 35 %
Blés (8.000 tonnes) .. 27 %   Casablanca. 61 %
Maïs (2.500 tonnes).. 53 %   Casablanca. 44 %
Laines .... 40 %   Casablanca. 75 %
Peaux de chèvres.... 10 %   Casablanca. 33 %
Peaux de moutons .. 14 %   Casablanca. 77 %
Cumin .... 77 %   Mazagan... 13 %
Graines de lin ...... 23 %   Casablanca. 61 %

Coefficients d'importation

En 1912, Safi importait :

Sucres .... 18 %   Casablanca ..... 35 %
Thés........ 13 %   Casablanca ..... 30 %
Bougies ...... 17 %   Larache .... 35 %
Tissus .... 11,5 %   Casablanca ..... 16 %

Commerce français

Le commerce français à Safi a subi dans ces dernières années un accroissement particulièrement significatif. L'axiome économique allemand : « Le pavillon suit le commerce » doit en cette circonstance être retourné pour devenir exact : c'est le commerce qui suit le pavillon. Cette dernière formule a d'ailleurs au Maroc une portée générale.

En 1912, la France atteignait le troisième rang dans le commerce général ; le troisième rang dans les importations ; le deuxième rang dans les exportations.

En 1913, la France atteignait le premier rang dans le commerce général ; le premier rang dans les importations ; le deuxième rang dans les exportations.

D'ailleurs voici dans ces deux années les chiffres afférents aux trois pavillons prépondérants sur la place au point de vue économique :

		FRANCE	ANGLETERRE	ALLEMAGNE
1912	Importations ..	2.254.814	4.886.566	3.407.450
	Exportations ..	3.783.248	2.964.388	5.474.799
1913	Importations ..	5.798.259	3.739.181	4.186.362
	Exportations ..	1.153.909	479.703	2.350.066

En 1912, le premier rang dans le commerce général et les exportations était donc tenu par l'Allemagne. En 1913, cette puissance venait au deuxième rang du commerce général et des exportations.

Commerce allemand

La disparition du commerce allemand livre donc un champ nouveau à l'essor du commerce français, que celui-ci serait impardonnable de négliger.

Les principales marchandises qui ont le plus contribué à l'augmentation du commerce allemand sont :

1° A l'importation, les sucres, bières, alcools, tissus de laine, papier, fers, verrerie.

2° A l'exportation, les blés, orges, amandes et peaux.

De 1910 à 1913, les intérêts immobiliers allemands avaient augmenté dans de larges proportions. Les trois ou quatre maisons principales avaient fait de nombreux achats de terrain tant autour de la ville qu'à l'intérieur et toutes étaient fort prospères.

Il est à remarquer que les intérêts allemands étaient plus étendus à Safi que dans toute autre ville de la côte d'égale importance. L'Allemagne avait paru jeter son dévolu économique sur toute la partie méridionale du Maroc, Safi et Marrakech, comme si elle prévoyait à cette région un avenir commercial et agricole tout particulier. De Marrakech, elle envoyait des agents dans tout le Sous, avec mission d'y accaparer d'avance des terrains offrant de par leur situation quelque avantage ; c'est ainsi que la Marroco-Manesmann se rendit acquéreur aux environs de Taroudant de nombreux jardins. Elles paraissait d'autre part être à l'affût des découvertes de mines et essaima des prospecteurs dans l'Atlas et le Sous. Ce n'est donc pas sans raison, ni sans quelque dépit mal dissimulé qu'en 1911 *la Panther* choisit pour théâtre du dernier « coup » célèbre le port encore fermé, mais riche d'espoirs, d'Agadir, l'ancienne Santa-Cruz des Portugais, laquelle — nous l'avons vu — au XVIIe siècle avec Salé et Safi absorbait tout le trafic marocain par la porte de l'Atlantique.

Le commerce allemand — on doit le reconnaître — se caractérisait par une grande initiative, des vues assez larges et audacieuses; ainsi, certaines maisons avaient créé dans l'intérieur des « filiales » avec des agents résidents; il savait s'adapter de façon fort souple aux préférences locales, ce que néglige souvent l'industrie française qui prétend imposer ses échantillons à sa clientèle coloniale bien plus que de flatter ses goûts; il attirait par son bon marché, naturellement au détriment de la qualité; mais cette camelote offrait par contre une grande variété de choix et de types; il n'appréhendait pas d'ouvrir aux petits débitants des crédits à long terme ; enfin l'activité de ses représentants était remarquable. Il serait à souhaiter d'ores et déjà que nos commerçants, s'ils prennent la place qui leur est laissée, sans tomber dans une imitation servile qui est loin du caractère français, s'inspirassent tout au moins des procédés les meilleurs de leurs ennemis, dans la guerre économique qui doit aller concurremment avec la guerre des champs de bataille, si l'on veut assurer définitivement l'hégémonie d'une nation sur l'autre.

Caractéristiques du commerce européen au Maroc et en particulier à Safi

Jusqu'à ce jour la caractéristique du commerce européen au Maroc a consisté dans son indifférenciation.

Les *héri* ou entrepôts des firmes importantes ressemblent aux factoreries de l'Afrique centrale, aux anciens *comptoirs* des Grandes-Indes ; des files de chameaux y déchargent leurs sacs de grains, leurs ballots de peaux séchées et de laine, pendant que d'autres caravanes s'en éloignent emportant vers le bled sucres, thés, caisses de bougies et tissus. Le *tajer* important est une sorte de maître Jacques qui fait à la fois l'importateur, l'exportateur, le commissionnaire ou le transitaire, l'acheteur de terrains, le banquier agricole, le prêteur sur titres. Aussi conçoit-on que des capitaux relativement considérables soient nécessaires pour ce genre de commerce.

Par la force même des choses, une division du travail s'effectuera peu à peu et les spécialisations se feront jour. C'est ainsi que les établissements de crédit qui ont installé des agences dans toutes les villes de la côte depuis cinq ans environ ont à peu près monopolisé les opérations bancaires avec les indigènes. Ce genre de commerce indifférencié convenait à merveille au temps où les européens étaient en somme cantonnés ou plutôt campés dans les villes de la côte et n'en pouvaient sortir que difficilement par suite de l'insécurité des tribus et du mauvais état des pistes. Il se modifiera donc et se *segmentera* — si l'on peut dire — au fur et à mesure ; telle maison se bornant dans l'importation des denrées alimentaires, *lato sensu ;* telle autre des matériaux de construction, machines agricoles, fers, quincaillerie ; telle autre des tissus étoffes et tout ce qui concerne l'habillement ou la parure ; et à l'inverse, dans l'exportation des céréales seules, des peaux, des laines, le même processus se reproduira.

Mais il n'est pas possible de fixer de délai même probable à une telle transformation. La place est occupée à présent par des maisons, ou plutôt des agences de firmes à gros capitaux, entre lesquelles la concurrence est vive et dont certaines, installées depuis fort longtemps, ont par suite accaparé les meilleurs terrains et les meilleures affaires.

La seule prévision que l'on puisse hasarder rationnellement est qu'une date réelle sera marquée dans l'évolution commerciale du Maroc le jour où il sera abondamment nanti de voies de communication, routes et chemins de fer, et où l'intensification des échanges qui en résultera créera chez l'indigène des besoins nouveaux.

L'INDUSTRIE

Industries indigènes

Briqueterie, poterie. — La chaux et le plâtre obtenus par une cuisson faite dans des conditions précaires sont de première qualité et les échantillons de pierres envoyés à divers laboratoires ont déjà retenu l'attention. Les environs de Safi sont riches en terres à briques et argile fine. Les fours indigènes sont chauffés au moyen d'herbes sèches ; les artisans fournissent des briques d'excellente qualité.

L'industrie de la poterie artistique était autrefois parvenue à un assez haut degré de perfection ; les échantillons locaux pouvaient presque rivaliser pour le dessin et la couleur avec ceux de Fez. Il semble que cette industrie soit entrée en pleine décadence. Les artisans ne fabriquent plus que des poteries où les anciennes formes originales ont été conservées, mais dont la couleur, la pâte et le dessin sont devenus médiocres. Il y aurait lieu de faire revivre par des primes et des encouragements cette industrie jadis florissante. La venue croissante des étrangers et des touristes lui assurant un débouché certain.

Industrie des cuirs. — Il y a à Safi des ateliers nombreux de chaussures indigènes en cuir ou babouches (belra) qui assurent les besoins de la région et même des villes voisines. Safi est encore avec Marrakech, bien que dans une proportion plus faible que cette dernière ville, un centre très important pour la confection de cet article essentiel.

Orfèvrerie, tapis. — La tribu berbère des Oulad ben Seba en territoire Chiadma, mais qui essaime ses artisans jusque dans le

Sud des Abda, fabrique avec beaucoup d'habileté et des moyens primitifs des objets artistement ciselés et très originalement ouvragés : bracelets, bagues, cuillers, cadenas, boucles de ceinture, etc., en or, argent ou cuivre suivant la matière qui est fournie aux *maalemin*.

La même tribu vend sur les souks des tapis aux dessins gauches et rudes, mais d'une véritable valeur d'art par leurs oppositions de tons crus, d'un effet parfois très heureux.

A Safi l'industrie de l'orfèvrerie est à peu près accaparée par les Israélites.

Industries européennes à créer

Il existe comme seules variétés de l'industrie européenne à Safi un moulin et une fabrique de limonade et d'eaux gazeuses. Les industries suivantes pourraient se créer aussitôt et avoir immédiatement des chances de succès :

Une usine d'éclairage électrique. — La population indigène de Safi est aisée et renferme des possesseurs d'assez grosses fortunes; elle vit beaucoup la nuit, donne des fêtes à domicile; l'entreprise serait donc assurée de placer un nombre très important de lampes chez les particuliers indigènes ; elle aurait également la clientèle des administrations publiques, des Européens et pourrait traiter avec la municipalité pour l'éclairage de la ville et de ses faubourgs.

Une brasserie pour la fabrication de la bière, boisson que les indigènes absorbent volontiers et dont ils feraient une consommation beaucoup plus grande si le prix de la bière d'importation n'était si élevé (75 centimes à 1 franc la bouteille de 65 centilitres). Clientèle européenne assurée ; approvisionnement en orge facile (l'orge des Abda est préférée en Europe à celle des Doukkala et des Chiadma comme étant plus blonde et convenant mieux à la distillerie et à la brasserie); vaste débouché dans tout le Maroc méridional.

La fabrication de la glace, denrée dont le manque se fait vivement sentir, pourrait être assurée par cette usine. Notons que la fabrication de la glace permettrait, dès qu'un service quotidien de transports automobiles sera créé entre Safi et Marrakech, d'amener, durant l'été, sur le marché de cette dernière ville les produits abondants de la pêche marine.

Toutefois, cette industrie exigerait que fut solutionné la question de l'adduction de l'eau à Safi.

Une fabrique de savon indigène (savon mou).

Une huilerie pour la production de l'huile d'olive et de l'huile d'argan, dans la région du Tensift.

Une cordonnerie-tannerie mécanique pour la fabrication des babouches.

Une fabrique de carreaux de ciment, de faïence, de briques et de tuiles.

En résumé, tous les produits de bonne qualité et localement écoulables qui seraient fabriqués par une installation un peu perfectionnée trouveraient un important débit à Safi même, sur la côte avoisinante et dans l'intérieur. La différence dans le coût du transport et la suppression des droits de douane leur assureraient une concurrence facile aux produits d'Europe.

Le seul obstacle à la création de grandes usines — on ne doit pas le cacher — tient à l'absence de combustibles qui constitue actuellement un trait caractéristique du Maroc. On ne connaît pas la richesse du sous-sol marocain, on ne sait pas encore exactement si on trouvera des gisements exploitables de houille. Le seul combustible est le bois, mais le bois lui-même manque souvent ; la broussaille et le palmier nain restent les uniques combustibles d'une grande partie du Maroc.

Les industries dont nous avons préconisé la création à Safi, devraient donc importer la houille pour l'alimentation de leurs machines. Le coût du transport par voilier ne serait pas excessif.

Notons en conséquence de ce fait que l'absence de combustible auquel nous faisons allusion offre aux villes de la côte, par rapport à celles de l'intérieur, cet avantage de leur assurer pour longtemps encore le monopole des industries à créer.

Cette considération est donc propre à tenter les initiatives qui surgiront, souhaitons-le, le plus tôt possible.

Petit commerce et petite industrie. — Au fur et à mesure de la venue croissante des Européens et de l'intensité des moyens de communications qui augmentera le nombre de la population roulante, des magasins de détail pourront se créer et prospérer. Citons parmi les commerces ou petites industries qui seraient bien accueillies : une cordonnerie, une pâtisserie, un magasin de confection, mercerie et bonneterie, etc...

Toutefois on doit conseiller aux personnes que tenterait une installation de ce genre de s'adresser, pour toutes précisions utiles, à l'Office du Gouvernement Chérifien à Paris, ou directement au Chef des Services Municipaux à Safi, qui répondra à toutes les demandes de renseignements qui lui seront adressées.

Industrie des transports

Grâce aux aménagements de pistes très activement poussés, l'industrie des transports allait commencer à prendre un essor réel dans le courant de 1914 et relier régulièrement Safi aux autres villes par les moyens de la locomotion automobile. C'est ainsi qu'un commerçant français assurait, au moyen de deux camions automobiles, le transport des voyageurs et des marchandises de Safi à Marrakech et vice-versa. Les départs étaient en principe bi-hebdomadaires. Le prix des places était de 30 francs aller, et 60 francs aller et retour. Le trajet s'effectuait en 12 heures. Une compagnie allemande avait entrepris un service analogue. D'autres, plus commodes et plus rapides pour les voyageurs, allaient certainement surgir, lorsque la guerre a éclaté et amené par suite un arrêt dans la progression de cette industrie.

Nous ne donnons donc les précisions ci-dessous qu'à titre de renseignements pris avant la guerre. Il est certain qu'aussitôt après celle-ci de nombreuses améliorations seront apportées à la facilité des relations entre Safi et les autres villes :

a) Transports de Safi aux villes voisines par chameaux et par charge de 250 à 275 kilos :

```
A Mazagan ......   P.H.  25 à 30  (prix moyen)
A Mogador ......    »    25 à 30       »
A Marrakech ....    »    30 à 35       »
```

b) Transports par camion automobile :

De Safi à Marrakech, 150 à 200 francs la tonne.

De Safi aux autres villes, prix à débattre suivant la saison et l'accessibilité des pistes ; pas de service régulier.

c) Transports par arabas (l'araba peut porter jusqu'à 1.500 kilos) :

De Safi à Marrakech, 110 à 130 francs la tonne.

Il est facile de constater que le prix de revient, très élevé, du transport par camion automobile ne permettra de l'utiliser que pour les voyageurs et seulement pour les marchandises de prix ou d'une consommation immédiate. Les arabas resteront le moyen le plus pratique pour le transport des matériaux de construction, ferronnerie, etc...

d) Projet éventuel d'une voie ferrée de Safi à Marrakech :

Le mouvement général du trafic de Safi à Marrakech et inversement s'élève environ à 110.000 tonnes ; il se décompose comme suit :

De Safi à Marrakech	15.000	tonnes
De Safi à l'intérieur (dans un rayon de 100 kilomètres)	10.000	»
De Marrakech à Safi	5.000	»
De l'intérieur à Safi (rayon de 100 kilomètres)	80.000	»
	110.000	tonnes

Il demeure donc entendu que ce chiffre ne constitue qu'une approximation, qu'il est susceptible d'une augmentation considérable lors de l'aménagement du port de Safi et, le cas échéant, lors de la mise en exploitation de la ligne ferrée éventuelle.

A l'importation, les principales marchandises sont le sucre brut (trafic 4 à 5 millions de francs), les tissus, les thés, les cotonnades, les draps, les bougies, la semoule, la droguerie, les alcools, le pétrole, les matériaux de construction, la ferronnerie, la verroterie, la quincaillerie en gros.

L'exportation est constituée par les céréales, les laines, les œufs, les peaux, etc.

Voici d'ailleurs une énumération du rendement des terres de culture de la région Abda-Ahmar, dans la moyenne des années favorables :

Orge	1.000.000	q. m.
Blé	350.000	»
Fèves	325.000	»
Maïs	200.000	»
Pois chiches	50.000	»
Fenugrec	100.000	»
Graine de lin	3.000	»
Cumin	5.000	»

Ajoutons que la ligne ferrée assurerait en outre l'écoulement des produits potagers et maraîchers de Marrakech et plus tard celui des richesses diverses de l'Atlas et du Sous.

En ce qui concerne le tracé, la voie ferrée devrait suivre la route jusqu'à Ras-El-Aïn par Si Mohammed ben Tiji et Souk-el-Khemis (Lac Zima). L'avantage de parcours de la piste actuelle réside dans le fait de sa situation centrale dans le territoire Abda-Ahmar, par rapport aux principaux souks, centres d'exportation, ainsi que par la proximité de nombreux points d'eau. A partir de Ras-El-Aïn, il y aurait lieu de choisir entre trois tracés possibles :

1° La piste des caravanes, par Nzala-bou-Zlafan. La prochaine route empierrée doit emprunter ce parcours qui est le plus direct

(145 kilomètres) ; les points d'eau y sont nombreux et bien répartis. Mais la configuration du terrain assez accidentée nécessiterait des aménagements fréquents, tranchées, remblais, etc.

2° Le passage par les Oulad Machao et les Oulad Delim qui rejoindrait Marrakech en longeant le Tensift. Il favoriserait plus spécialement la région du Tensift, mais nécessiterait des travaux pour la traversée des oueds.

3° La route actuelle, suivie par les voitures, par Nzala-Jenadra, Souk-el-Mennebi et Sidi-bou-Othman. Ce tracé présenterait le double avantage de ne point nécessiter d'ouvrages d'art et de pouvoir se raccorder facilement avec les lignes Casablanca-Marrakech et Mazagan-Marrakech. Si l'on joint à cette considération ce fait que le dernier tracé coïnciderait comme le premier, à partir de Ras-El-Aïn, avec la future route empierrée, il y a lieu de penser qu'il présente le plus de chances d'être adopté.

*
* *

Il ressort de ces quelques aperçus que la ligne Safi-Marrakech nécessiterait relativement peu de frais d'établissement, aurait un trafic assuré et, reliant Marrakech à son port le plus rapproché (145 kilomètres), contribuerait dans des proportions considérables au développement économique de tout le Maroc méridional.

LES IMPORTATIONS ET LES EXPORTATIONS

Le Commerce général de la navigation dans le port de Safi (vapeurs et navires à voiles compris), au cours des années 1909 à 1913, a été le suivant :

ANNÉES	NOMBRE	TONNAGE
1909	266	234.888
1910	160	142.968
1911	220	189.067
1912	219	187.798
1913	265	205.209

Pendant ces mêmes années les quantités et valeurs des marchandises importées ou exportées par mer à Safi ont été de :

Importation

ANNÉES	POIDS BRUT	POIDS NET	VALEUR DU POIDS NET
	TONNES	TONNES	FRANCS
1909	14.210	12.043	8.692.531
1910	14.537	12.320	6.948.876
1911	15.670	13.282	8.435.264
1912	22.000	19.497	13.859.416
1913	53.000	48.708	19.455.798

Exportation

ANNÉES	POIDS BRUT	POIDS NET	VALEUR DU POIDS NET
	TONNES	TONNES	FRANCS
1909	55.120	53.030	8.006.718
1910	17.365	16.698	4.678.822
1911	60.010	57.728	13.760.776
1912	74.340	71.470	14.727.394
1913	8.765	8.428	5.004.995

Importation et exportation réunies

ANNÉES	POIDS BRUT	POIDS NET	VALEUR DU POIDS NET
	TONNES	TONNES	FRANCS
1909	69.330	65.073	16.699.249
1910	31.902	29.800	11.663.698
1911	75.680	71.010	23.197.107
1912	96.340	90.957	28.585.819
1913	61.765	57.136	24.460.793

A noter que si l'on remonte à sept ou huit ans, la moyenne obtenue était à peine de 5 à 6 millions. A quoi est dû ce rapide essor ? Les causes en sont multiples ; nous nous bornerons à citer les principales, telles que :

La plus grande sécurité qu'a rencontrée l'indigène dans ces derniers temps ;

L'établissement de nouvelles maisons européennes dont les agents, en parcourant l'intérieur et en travaillant avec l'agriculteur ont stimulé son activité ;

Au plus long séjour en rade des navires de commerce, le port ayant autrefois la réputation non justifiée d'être impraticable pendant la plus grande partie de l'année ;

La situation même de Safi qui, au point de vue géographique, en fait le port le plus rapproché de Marrakech.

Le lecteur qui aura bien voulu parcourir ces quelques lignes de chiffres, d'un abord aride mais éloquents dans leur précision, s'est rendu compte de l'importance du trafic actuel de Safi, qui fait de ce dernier un des tous premiers ports d'exportation du Maroc.

En vue de la détermination du trafic futur, les différences entre les exportations et les importations peuvent servir comme premier élément de recherches.

ANNÉES	IMPORTATION	EXPORTATION	DIFFÉRENCE EN FAVEUR DES EXPORTATIONS
	TONNES	TONNES	
1909	14.210	55.120	
1910	14.537	17.365	
1911	15.670	60.010	96.183 tonnes
1912	22.000	74.340	
1913	53.000	8.765	
	119.447	215.600	

Différences entre les exportations et les importations

A part l'année 1913, au cours de laquelle les importations ont été beaucoup plus fortes que les exportations, la moyenne des cinq dernières années est de 64 % à l'exportation et 36 % à l'importation.

Les navires qui entrent dans le port de Safi sont donc assurés d'y trouver un frêt de retour intéressant. Il n'en est pas de même dans les autres ports du Maroc où les importations sont beaucoup plus fortes que les exportations.

Prenons pas exemple la valeur des marchandises importées ou exportées par divers ports du Maroc en 1911 et 1912, nous trouvons :

ANNÉE	IMPORTATION	EXPORTATION	EN FAVEUR DE L'IMPORTATION	EN FAVEUR DE L'EXPORTATION
	CASABLANCA		CASABLANCA	
1911	22.163.973	19.752.075	2.411.898	»
1912	40.181.790	23.084.338	17.097.152	»
	SAFI		SAFI	
1911	8.435.264	13.760.776	»	5.325.412
1912	13.859.416	14.727.394	»	867.978
	TANGER		TANGER	
1911	12.826.902	9.166.842	2.660.060	»
1912	21.223.809	5.004.304	16.219.495	»
	MAZAGAN		MAZAGAN	
1911	7.628.383	11.356.172	»	3.727.789
1912	13.255.167	12.020.841	1.214.326	»
	RABAT		RABAT	
1911	6.555.068	1.292.205	5.262.863	»
1912	13.096.454	441.117	12.655.337	»

Si l'on s'en tient à la progression de quelques ports du Maroc où le chiffre des importations a plus que triplé en trois années par suite de l'augmentation de la population européenne, il n'est pas exagéré de prévoir pour Safi une augmentation tout au moins égale aussitôt que son port sera muni des moyens de débarquement et d'embarquement qui lui font défaut.

D'autre part, il ne faut pas oublier que Safi est au centre d'une région très fertile et d'une étendue cultivable très grande. Pour la province des Abda seule la surface cultivable est de plus de 300.000 hectares, et celle des Ahmar-Chiadma de 200.000 environ. Or, à l'heure actuelle, la surface cultivée est au maximum de 150.000 hectares qui donnent dans les années moyennes environ 120 à 150.000 tonnes de céréales. Le jour où les 500.000 hectares de l'arrière-pays de Safi seront cultivées — tout au moins en partie — à l'aide des moyens de culture moderne, il n'y a aucune exagération à prévoir un rendement de 5 à 6 millions de quintaux métriques. Si l'on en déduit la consommation locale et l'imprévu, on peut tabler, en bonne année moyenne, sur une exportation de 4 à 500.000 tonnes.

Nous ne parlerons que pour mémoire du trafic de cabotage à prévoir, des exploitations de plâtres, chaux, ciment, etc., qui seront une des bases de la richesse de Safi.

De plus, Safi a pour elle le privilège d'être le port le plus rapproché de Marrakech. La distance qui sépare cette dernière ville des autres ports de la côte est de beaucoup supérieure, aussi le fret des marchandises pour Marrakech est-il nettement inférieur par Safi.

Voici du reste les différences de distances et les taux comparatifs de fret :

	DISTANCE	FRÈT (LA TONNE)
	KILOMÈTRES	FRANCS
Safi-Marrakech	145	90
Mazagan-Marrakech	210	130
Mogador-Marrakech	180	125
Casablanca-Marrakech	250	250

La situation géographique, comme nous l'avons montré plus haut, fait de Safi le pôle attractif de la capitale du Sud et de son arrière-pays ; il faut reconnaître que Safi est la seule voie économique pratique qui soit ouverte aux produits des tribus du Haouz.

Si pour l'instant le trafic avec Marrakech est relativement minime, il n'en sera plus de même dans l'avenir lorsque l'arrière-pays de Marrakech sera mis en valeur et que commencera l'exploitation des richesses minières de l'Atlas. En supposant qu'une partie de ce trafic soit détournée vers les ports de Casablanca ou de Mazagan, il est probable qu'une grande quantité de tonnage prendra par la force même des choses la voie de Safi, surtout si la route était doublée d'une voie ferrée.

En effet, les considérations que nous avons développées sur l'arrière-pays de Safi et sur sa situation matérielle prouvent clairement que les cargo-boats ou les vapeurs de ligne régulière seront attirés à Safi où ils trouveront toujours un fret de retour important. Ces cargos ou vapeurs auront donc tout intérêt à charger pour ce port, ce qui influencera heureusement les taux de fret d'importation.

Mais, ce ne sont pas ces seules considérations qui décideront les navires à y faire escale ; la rapidité des opérations de débarquement qui évitera aux navires un séjour coûteux, les taxes qui, étant donné le peu d'importance des travaux à effectuer dans ce port pour le rendre accessible par tous les temps, pourront être réduites au minimum, auront une influence directe sur sa puissance d'attraction ; enfin, la facilité d'accès, la sécurité de l'ancrage sont autant d'éléments qui pourront avoir une répercussion heureuse sur le port de Safi.

RENSEIGNEMENTS SUR LES PRINCIPAUX PRODUITS

D'EXPORTATION ET D'IMPORTATION [1]

Exportation

Orge. — Dans la région des Abda la production annuelle approximative de l'orge est d'environ 1.000.000 de quintaux métriques, couvrant une superficie de 125.000 hectares. (Exportation par la France en 1912 : 66.800 tonnes).

« La France n'est susceptible de s'intéresser à l'achat des orges marocaines que lorsque les récoltes en France ou en Algérie-Tunisie sont déficitaires. Les orges marocaines, comme toutes les orges étrangères destinées à la consommation de la France, paient à leur entrée en France des droits de douane de 3 francs par 100 kilos. Afin de favoriser l'exportation des orges marocaines sur la Métropole, il serait à désirer que cette taxe douanière fut supprimée en France pour l'importation des orges du Maroc, ou tout au moins que celles-ci fussent importées en franchise en France lorsque la Métropole, par suite de l'infériorité des quantités récoltées, est obligée de faire appel à l'importation des orges étrangères. Cette importation constituerait un aliment précieux en frêt pour les compagnies de navigation françaises desservant les ports de Bordeaux et du Nord de la France qui n'ont pas souvent de frêt de retour ;

---

(1) Nous empruntons d'utiles renseignements à la très substantielle brochure de M. E. REUTEMANN. *Notice sur la situation actuelle et future du commerce français au Maroc*. (Casablanca-Avril 1915).

elle pourrait se chiffrer par une cinquantaine de mille tonnes et ainsi, par son importance, mérite d'attirer l'attention du commerce français. Dans les bonnes années agricoles, la compagnie de navigation Oldenbourg est arrivée à transporter des différents ports marocains 50.000 tonnes d'orge dans l'année. Si l'exportation sur la France n'avait pas été entravée par les droits de douane à l'entrée en France, il est hors de doute que les compagnies de navigation françaises faisant les ports du Nord ou du Sud-Ouest de la France auraient eu un frêt de retour important du Maroc sur les ports français, tandis que nombre de vapeurs ont dû s'en retourner à vide, ce qui n'est pas fait pour favoriser la navigation française et lui permettre par conséquent de réduire ses taux de frêt pour les marchandises importées au Maroc par le Havre et Bordeaux ». (E. REUTMANN).

Blé dur. — Production annuelle dans les Abda : 350.000 quintaux métriques couvrant une superficie de 100.000 hectares. (Exportation par la France en 1912 : 35.880 tonnes).

Les blés durs marocains comme les blés étrangers paient 7 francs les 100 kilos de droit d'entrée en France lorsqu'ils sont destinés à la consommation française. Ils sont surtout importés par Marseille. La même observation peut s'appliquer à eux comme aux orges : il serait à souhaiter, et pour les mêmes raisons, que la franchise douanière leur soit appliquée en France, au moins pendant les années déficitaires en Algérie-Tunisie. Il serait avantageux également de favoriser les ensemencements de blé tendre, de façon à assurer au moins la consommation locale.

Fèves. — (320.000 quintaux métriques ; 30.000 hectares. Exportation par la France en 1912 : 60.580 tonnes). Exportation sur l'étranger, surtout Hambourg, Anvers et Rotterdam, avant la guerre, par la compagnie Oldenbourg. Les fèveroles seraient de vente facile en France (Dunkerque), mais il faudrait que les compagnies de navigation desservant les ports du Nord de la France, eussent des départs réguliers et directs sur le Havre, Rouen et Dunkerque.

La qualité de la fève aurait besoin d'être améliorée par des ensemencements meilleurs.

Maïs. — (200.000 quintaux métriques ; 90.000 hectares). Le prix du maïs est régi par les marchés de Russie et de l'Argentine. Exportation assez considérable lorsque les récoltes de Russie et de l'Amérique du Sud sont déficitaires.

Fenugrec. — Courant d'affaires assez important avec l'Angleterre, la France et l'Amérique. Cette graine est utilisée en Europe pour l'engraissement rapide des animaux. Les propriétés nutritives de cette légumineuse sont dues à la présence dans les cotylédons de protéines très riches en phosphore organique. Ces albumines végétales sont bien utilisées par les animaux chez lesquels elles produisent des effets toniques et reconstituants remarquables. En 1912, les trois-quarts du fenugrec ont été exportés par Casablanca, l'autre quart par Safi.

Laines. — La tonte du mouton a lieu en général au printemps. Les indigènes viennent vendre les toisons sur les marchés ou plutôt viennent livrer les ventes qu'ils ont faites dans le courant de l'hiver. De même que pour les autres marchandises d'exportation, ce sont les cours d'Europe qui servent de bases aux prix locaux.

On distingue trois variétés de laines : 1° *l'ourdigha;* 2° *l'aboudia* ; 3° *le beldia.*

La première (Chaouïa-Tadla) est une laine à poil court et soyeux. C'est celle de meilleure qualité et qui se vend le plus cher.

L'aboudia (Rharb-Sebou) est de qualité moyenne. Comme la précédente, cette sorte de laine s'expédie sans lavage préalable, en *suint.*

La beldia (Doukkala-Abda) qualité la plus commune s'expédie *lavée.*

La laine lavée perd 40 à 45 % de son poids au lavage ; mais ce lavage est insuffisant et les maisons exportatrices de laines sont obligées de les soumettre à leur arrivée à l'usine, à un lavage très soigné, pour les débarrasser des matières étrangères qui adhèrent encore aux fils. Il faut escompter un nouveau déchet variant entre 10 et 15 %, soit au total une perte de 55 à 65 %.

La laine exportée paie un droit d'exportation de 6 P.H. 875 par quintal (50 kgs. 750) pour la laine en suint ; la laine lavée acquitte un droit de 10 P.H. par quintal.

Pays d'importation. — Longtemps la France a eu le quasi-monopole d'importation des laines. Le tableau ci-dessous montre la décroissance constante des exportations des laines marocaines en France et cela au profit du commerce allemand.

	1909	1910	1911	1912
	VALEUR EN FRANCS			
France	1.856.252	2.290.048	2.670.843	818.612
Angleterre .	149.840	326.612	731.477	107.453
Allemagne .	674.792	1.740.666	2.256.605	814.671

CHIFFRES D'EXPORTATION (EN FRANCS) PAR SAFI

1909	1910	1911	1912
230.878	579.375	1.120.495	29.000

Peaux de moutons. — Les cours des peaux de moutons ont pour base les prix pratiqués sur les gros marchés d'Europe : Londres, Hambourg, Paris. Elles acquittent à leur sortie un droit de 8 P.H. 86 par 100 kilos. Les négociants en peaux doivent avoir une très grosse pratique de ce commerce et en même temps connaître l'indigène pour éviter, d'une part, les fraudes et pour reconnaître facilement les nombreux défauts des peaux marocaines.

Pays d'importation.

	1909	1910	1911	1912
	VALEUR EN FRANCS			
France.....	674.225	884.875	1.102.159	435.569
Angleterre .	8.306	24.166	7.748	4.573
Allemagne .	293.286	337.854	273.610	258.413

CHIFFRES D'EXPORTATION (EN FRANCS) PAR SAFI

1909	1910	1911	1912
162.505	313.833	332.777	116.646

Peaux sèches. — *a*) *Peaux de bœufs.* On distingue les « cuirs d'abattoir » propres, de bonne préparation, salés ou seulement séchés à l'ombre et les « cuirs en vert », c'est-à-dire frais, sans sel et de moins bonne qualité. Les peaux de bœufs valent de 105 à 135 francs les 100 kilos.

b) *Peaux de chèvres.* Prix moyens : 167 à 175 francs les 100 kilos. La plus grande partie des peaux de chèvres embarquées pour Marseille, Hambourg, Anvers, Londres ou Gibraltar y transitaient à destination de l'Amérique.

Œufs. — Débouchés sur l'Espagne et l'Angleterre. L'exportation se fait en caisses de 10 grosses (1.440 œufs). Le commerce des œufs n'a pas de débouchés industriels permettant l'envoi des œufs cassés dans des emballages étanches. Le prix des œufs varie entre 45 et 80 P.H. le mille (soit 35 à 60 francs).

Importation

Sucre. — En 1912, la France importait 19.341.446 francs ; l'Allemagne, 4.330.559 ; l'Autriche, 2.381.271 ; les Pays-Bas, 1.845.383 ; la Belgique, 1.206.669.

Les sucres allemands et les sucres autrichiens déployaient de grands efforts avant la guerre pour détrôner le sucre français (Raffineries de Marseille, Saint-Louis et Méditerranée), surtout à Safi et à Mogador. Les sucres allemands provenaient de la raffinerie Michaelles à Hambourg-Schulau, qui avait donné, par contrat, sa vente exclusive à la Marocco-Mannesmann pour Tanger et Casablanca ; à la maison W. Warx de Mogador et Weiss à Maur de Safi, pour tout le Maroc méridional.

Le mode de livraison se fait en pains de 500 à 800 grammes.

Le sucre français, quoique un peu plus cher, est davantage apprécié par l'indigène, comme étant plus riche en matière saccharine et n'étant pas altéré par l'humidité.

Thés verts. — Le thé vert, additionné de sucre et de menthe, constitue la boisson nationale du marocain, citadin ou villageois.

Les pays qui importaient le plus de thé au Maroc étaient, par ordre d'importance : l'Angleterre, l'Allemagne et la France. Viennent ensuite, pour de petites quantités : la Belgique, l'Italie et l'Autriche-Hongrie.

Les importations totales de thé pour 1912 au Maroc, par les huit ports, ont été de 3.319.767 kilos dont la valeur est de 6.890.536 francs. Sa valeur déclarée en douane varie suivant les qualités pour le thé vert de 90 à 450 francs les 100 kilos et pour le thé noir de 100 à 350 francs.

La consommation de thé sur le territoire du Protectorat français est évaluée, pour l'année 1912, à 3.464.348 kilos représentant une valeur totale de 7.932.777 francs.

Ces chiffres supérieurs à ceux des importations par les huit ports marocains s'expliquent par ce fait qu'il entre du thé sur le territoire du Protectorat, par la frontière algéro-marocaine et par Mellila et le Cap de l'Eau qui assurent ainsi la consommation du Maroc oriental.

Importation du thé par Safi en 1912

	ANGLETERRE	ALLEMAGNE	FRANCE	AUTRES PAYS	TOTAUX
Kilos.....	209.195	148.886	74.501	85	432.667
Francs ...	363.878	222.509	128.146	167	714.700

« Ces dernières années, Hambourg concurrençait fortement Londres dans le commerce des thés verts au Maroc. Cette concurrence aurait augmenté dans l'avenir. Il est à remarquer que le port de Marseille, malgré sa situation géographique avantageuse comme fournisseur de l'Afrique du Nord, n'occupe pas la place qu'il devrait occuper dans le trafic si important des thés verts au Maroc. Les qualités qui se vendent au Maroc sont, à part quelques exceptions, les mêmes que celles qui se vendent en Algérie, Tunisie et Tripolitaine. Cependant, les thés importés en Algérie ne peuvent pas être importés de Chine en transit par un port étranger, attendu que les droits de douane à l'importation en Algérie, très élevés, varient, croyons-nous, du simple au double selon que le thé est importé soit directement de Chine, soit en transit par un port français, soit en transit par un port étranger. Il est donc plus avantageux pour le commerçant de Chine, et c'est ce à quoi nous voulons en venir, de transiter des thés de consommation au Maroc par Marseille, attendu que ces thés peuvent indifféremment être vendus au Maroc, en Algérie et en Tunisie, tandis que les thés transités à l'étranger (Hambourg ou Londres) ne peuvent pas être vendus en Algérie en raison des droits de douane. Nous démontrons par là que le Maroc peut donc se passer d'importer des thés d'Hambourg sans que les intérêts des pays producteurs de ceux du Maroc soient lésés ». (E. Reutemann.)

Tissus. — En 1912, sur 36 millions de francs de tissus importés dans les huit ports ouverts, l'Angleterre est entrée pour 33.500.000 francs, la France pour 2.000.000 de francs, l'Allemagne pour 400.000 francs, l'Espagne pour 200.000 francs.

Les facultés d'achat des indigènes s'accroissant au fur et à mesure des progrès de la pacification, dans des proportions considérables, la France pourrait, avec quelques efforts et quelque initiative, arriver à augmenter en proportion son chiffre d'importation. Elle aurait à envisager l'introduction des tissus renforcés ; cretonnes blanches, percales, calicots fins (coton mercerisé), tissus brillantés, tissus teints de belle qualité.

Les fabricants de la région de Tarare pourraient trouver au

Maroc un très gros débouché pour leurs mousselines et leurs grenadines. D'autre part, la production lyonnaise est assurée d'écouler au Maroc des quantités particulièrement importantes de soieries : les importations de tissus de soie, en 1912, se sont élevées à 3.300.000 francs sur lesquels, à elle seule, la France est entrée pour 3.150.000 francs.

En ce qui concerne les *draps*, il semble que la France a dans l'avenir tout à gagner de la disparition des concurrences allemandes et autrichiennes pour l'importation des draps au Maroc.

**

Citons encore, parmi les marchandises d'importation vis-à-vis desquelles le commerce français pourrait intensifier son effort, *les chaux et ciments* (une grande partie étant fournie par la Belgique et l'Allemagne); *les vins* (on s'approvisionne difficilement en bons vins ordinaires de Bordeaux ou Bourgogne en fûts) ; *les bougies ; la verrerie* (naguère fournie par l'Allemagne et l'Autriche); *la bimbeloterie* et la *quincaillerie* à bon marché.

NAVIGATION

Lignes desservant le port de Safi

Compagnie Paquet

Ligne de Marseille à Tanger, Casablanca, Mazagan, *Safi*, Mogador.

Ligne d'Oran à Tanger, Casablanca (correspondance pour Safi non assurée).

Un bateau en moyenne tous les douze jours touche le port de *Safi*.

Navires mixtes de 2.500 à 4.000 tonnes.

Agent à Safi : M. Legrand.

Compagnie Générale Transatlantique

Ligne de Dunkerque au Havre, Saint-Nazaire, Nantes, Bordeaux, Casablanca, Mazagan, *Safi*, Mogador.

Toutes les trois semaines environ.

Avant la guerre : Ligne d'Alger à Oran, Tanger, Casablanca, Mazagan, *Safi*, Mogador et ligne de Tunis à Alger, Casablanca tous les quinze jours.

Cargos mixtes de 2.000 à 3.500 tonnes.

Agent à Safi : M. ANDRÉ.

Compania Valenciana de Vapores Correos de Africa

Ligne de Barcelone à Valence, Ceuta, Tanger, Larache, Casablanca, Mazagan, *Safi*, Mogador et Santa-Cruz, de Ténériffe et *vice-versa*.

Service bi-mensuel très régulier.

Navires de 2.500 à 3.500 tonnes, bien aménagés pour les passagers.

Agent à Safi : M. LANDABOURRU.

Royal Mail Steam Packet

A l'aller seulement : Ligne de Londres à Tanger, Casablanca, Mazagan, *Safi*, Mogador, Canaries, Madère et Londres.

Service bi-mensuels, mensuel depuis la guerre.

Navires de 4.000 à 5.000 tonnes. Ces navires de touristes anglais sont très confortables et aménagés avec un certain luxe.

Agent à Safi : M. HOOPER.

The Power Steam Ship C° Limited.

De Londres aux ports de la côte ouest marocaine et *vice-versa*.

Cargos de 3.000 à 4.000 tonnes. Frêt important.

Service bi-mensuel. Ces navires ne prennent qu'exceptionnellement des passagers et en nombre restreint.

Agent à Safi : M. CARRARA.

Compagnie Bland, de Gibraltar

Service de cabotage entre Gibraltar, Tanger et les ports de la côte ouest du Maroc.

Service irrégulier mais départs fréquents, tous les quinze jours en moyenne.

Cargos de 300 à 900 tonnes.

Agents à Safi : MM. LAMB BROTHERS.

Les lignes suivantes ont été supprimées à dater du 1ᵉʳ août 1914 :

Oldenburg-Portugiesische Dampfschiffs-Rhederei

Ligne de Hambourg à Anvers, Tanger, Safi, Mogador et *vice-versa*.

Toutes les trois semaines très régulièrement.

Cargos de 3.500 à 4.000 tonnes. Frêt important. Les navires de cette compagnie apportaient à *Safi* toutes les marchandises allemandes ; presque toutes les marchandises autrichiennes, avant la venue de la Compagnie *Adria* ; toutes les marchandises hollandaises et belges et même un certain nombre de marchandises françaises chargées à Anvers. Les tarifs étaient réduits. La principale raison du succès de la Compagnie allemande tenait à ce que ses vapeurs stationnaient sur rade jusqu'à complet débarquement lorsque l'état de la barre retardait les opérations de déchargement.

Agents à Safi : WEISS & MAUR.

« Adria ». — Compagnie royale hongroise de navigation maritime

Ligne de Fiume en Tunisie, Algérie et Maroc. Un départ par quinzaine de Fiume à Las Palmas par Tunis, Alger, Oran, Gibraltar, Tanger, Larache, Casablanca, Mazagan, Mogador.

Navires bien aménagés pour les passagers ; 3.000 à 4.500 tonnes.

Ce service inauguré en 1914 n'a fait que quelques apparitions sur la rade de *Safi*.

Agent à Safi : MAROCCO MANNESMANN.

La ligne suivante a été créée depuis le mois de mars 1915 :

Compagnie Royale Néerlandaise de navigation à vapeur

Ligne d'Amsterdam à Tanger, Gibraltar et ports de la côte ouest du Maroc.

Service mensuel.

Cargos de 2.000 à 2.500 tonnes. Ils importent les produits hollandais que chargeaient auparavant les navires de la Compagnie Oldenburg.

Agents à Safi : MM. MURDOCH, BUTLER & Cᵒ.

Navires autres que ceux des lignes régulières

Un certain nombre de voiliers (10 à 15 en moyenne annuelle), de pavillons *danois, suédois ou norvégiens*, et le plus souvent affrétés par des maisons anglaises, touchent le port de Safi. Ils chargent en général des os, des peaux, des laines, quelquefois des céréales.

Un caboteur *portugais* affrété par la « Waccum Oil Cy » de Lisbonne, paraît environ trois ou quatre fois par an sur la rade pour l'importation des huiles minérales (pétrole, essence).

LA QUESTION DU PORT ET DE SON OUTILLAGE

Les considérations exposées plus haut ont déjà montré que l'aménagement du port est pour Safi une question presque vitale ; elle est étroitement liée à son développement futur qui ne demande qu'à être délivré de cette entrave pour prendre immédiatement un essor considérable.

Le port de Safi a joui jusqu'en ces derniers temps d'une réputation détestable. Même une sorte de légende s'était créée sur lui ; sa barre le rendait la moitié du temps impraticable, l'hiver il était souvent plongé dans le brouillard (?) ; bref c'était une escale présentée de loin aux armateurs et aux capitaines de navires comme à ne pas fréquenter ou le moins possible. Il est temps de détruire une telle fable et aussi injuste ; car, enfin, Safi ne fait que partager le sort des autres ports marocains atlantiques de Larache à Agadir, qui, dépourvus d'abris naturels ne constituent que des rades foraines ouvertes aux bourrasques du Sud et du Sud-Ouest — *mare importuosum*. Il est réel qu'il est affligé d'une barre assez dure, susceptible d'interrompre en hiver plusieurs jours de suite les relations des navires au mouillage avec la terre, mais cette tare dont il n'a pas le privilège exclusif au regard des autres ports marocains, n'est pas rédhibitoire puisque *l'achèvement d'un wharf la supprimera du jour au lendemain*. En revanche, il possède des avantages de premier ordre qu'aucune entreprise du génie humain ne pourra conférer aux ports qui en sont dépourvus, à savoir :

1.° Une rade abritée des vents dominants et violents d'Est et de Nord-Est par une falaise semi-circulaire de 60 à 100 mètres d'altitude ;

2° Des fonds de 13 à 16 mètres permettant aux navires de mouiller à 350 ou 400 mètres du rivage (alors qu'à Mazagan, Mogador ou Casablanca, les bateaux ne peuvent guère mouiller qu'à 800 mètres ou 1 kilomètre au moins) ;

3° Une excellente tenue des ancres.

Les procédés de débarquement employés jusqu'à ce jour sont des plus primitifs et doivent ressembler étrangement à ceux que devait rencontrer au cours de ses anciens voyages Sinbad le Marin. Les marchandises sont déposées dans une crique minuscule entre une falaise dominée par un château-fort d'origine portugaise et un gros rocher, et sont fréquemment mouillées durant cette opération. L'aconage est effectué au moyen de barcasses d'une contenance de 4 à 5 tonnes, qui, tous les soirs sont ramenées sur la grève. Le spectacle est assez pittoresque de voir une quarantaine de mariniers attelés à faire glisser la lourde embarcation sur le sable, au milieu des ballots entassés, des milliers de pains de sucre, ou des sacs de grain, cependant que le *Raïs* (ou chef de la corporation) juché à l'avant ponctue de coups de son bâton de commandement assénés sur le bois dur, les mélopées sur deux tons dont les travailleurs scandent leur pénible effort. Mais une telle vision du passé séduisante pour le touriste, l'est beaucoup moins pour le négociant établi à Safi, car un tel archaïsme a une répercussion désastreuse sur le commerce. Tarif de frêt et taux d'assurances maritimes exagérés ; avaries nombreuses, surestimations, etc., telles sont les charges supportées par lui du fait de cet état de choses. On n'exagère rien en estimant à 4 ou 500.000 francs les pertes qu'il subit annuellement ainsi.

Donc, pour permettre au port de Safi de se développer, il lui faut un wharf, des terre-pleins, des magasins de douane, des voies d'accès au port.

Or, toutes ces améliorations sont ou en voie d'achèvement, ou prévues, et sur le point d'être commencées.

Le Wharf

Des études ont été faites pour la construction d'un nouveau wharf solide et s'étendant loin en mer.

Cent douze sondages préparatoires ont été faits révélant le rocher sous une assez faible épaisseur de sable. Le nouvel ouvrage devra donc être scellé dans le rocher, sujétion coûteuse, mais qui lui donnera une grande solidité.

D'après le projet établi, le départ de cet ouvrage se ferait sur une pointe de roche avancée et non sur le sable, il se poursuivrait par une digue pleine de 25 mètres de longueur. Une passerelle y ferait suite, de 185 mètres de longueur sur 7^m 50 de largeur, qui aboutirait à la plate-forme de chargement de 70 mètres de longueur sur 17 mètres de largeur.

La cote serait de 9^m 75, calculée pour ne jamais être atteinte par les volutes des plus fortes lames en temps de tempête ou de raz-de-marée (la destruction de l'ancien wharf démoli en 1911 par une tempête d'une exceptionnelle violence avait été due, entre autres erreurs d'appréciation, à la cote insuffisante, de 2^m 25 inférieure à celle envisagée pour le wharf nouveau).

Les largeurs sont prévues pour pouvoir placer plus tard sur la passerelle deux voies normales de chemin de fer qui s'épanouiraient sur la plate-forme d'extrémité en voies de chargement et de garage. Provisoirement le wharf fonctionnerait avec des voies de 0^m 60 en nombre double de celui des voies normales.

Les engins de manipulation consisteront en une puissante grue hydraulique de 12 à 15 tonnes; quatre grues mobiles (probablement électriques) de 1 tonne 1/2 à 2 tonnes, et quatre coulottes à céréales en sacs.

L'ouvrage avancerait de 260 mètres en mer. Il serait un peu incliné au Sud-Ouest pour faire face aux houles d'hiver.

Il convient de remarquer, ainsi que nous l'avons vu, que les bateaux mouillant à une distance très rapprochée du rivage, le transport en chaland du navire au wharf sera très court, et par suite la rapidité des opérations très accélérée.

Notons enfin, qu'il n'y a aucune sujétion de marée, et que l'inconvénient de la remonte des chalands ne se présentera qu'à la menace de fortes tempêtes. Normalement le matériel restera mouillé dans la baie.

Terre-pleins et magasins

Actuellement, il n'existe que 800 mètres carrés de terre-pleins et 1.700 mètres carrés de magasins couverts — ce qui est manifestement insuffisant.

Dès 1915, sont en voie d'achèvement ou d'aménagement définitif :

a) 200 mètres de digue front de mer protégeant 7.000 mètres carrés de terre-pleins.

b) Des magasins donnant 2.500 mètres carrés de surface couverte et 10 mètres de hauteur libre. On pourra en hiver y entreposer de hautes piles de sacs de céréales.

c) Un quai Ouest, près de l'abri à barcasses, va être construit. On y accèdera, des terre-pleins, par une passerelle de 4^m 50 de largeur. Ce quai sera muni d'une grue de 6 tonnes pour poids lourds et d'une grue rapide à vapeur de 2 tonnes de puissance.

Ultérieurement et en même temps que le wharf, seront aménagés des terre-pleins nouveaux. Leur emplacement est choisi au Nord de ceux actuels. Une digue front de mer protégerait 15.000 mètres carrés de terre-pleins.

Voies d'accès au port

1° En arrière des magasins de la Douane, un ancien chemin de ronde va être ouvert permettant la sortie directe des marchandises dans une cour de dégagement en bordure de la rue principale.

2° Il serait utile de démolir un tas d'immeubles en ruines, dits « Dar el Pacha » qui forment une sorte d'étranglement dans la rue principale et nuisent gravement à la circulation et à la facilité d'accès au port. Un bel immeuble entouré de quatre rues le remplacerait et l'accès au quartier du R'Bat en serait largement facilité.

CONCLUSIONS

Le lecteur qui a bien voulu parcourir jusqu'au bout cette petite brochure peut maintenant se rendre un compte assez exact de l'intérêt qu'offre la position économique de Safi et à quel point son développement est lié à celui de tout le Maroc méridional.

La prospérité d'un port tient à son origine à deux éléments : *un facteur naturel, un facteur contingent.*

Le facteur naturel et primordial consiste en la qualité proprement dite du port envisagé, c'est-à-dire en sa situation géographique, en les facilités de son abord pour les navires et en l'abri qu'il constitue, en sa plus ou moins grande proximité des centres commerciaux ou industriels.

Le facteur contingent relève de toutes les circonstances adventices, politiques ou autres, qui ont attiré l'attention sur ce port, l'ont favorisé, y ont créé un mouvement d'échange.

Que si nous remontons à quelque quinze ans en arrière, nous voyons tous les ports du Maroc Atlantique à peu près sur le même pied d'égalité. Aucun, qui parût plutôt qu'un autre, devoir acquérir rapidement une prédominance marquée. Qui donc eut pu prédire à cette époque que la modeste et sans gloire Anfa (Dar El Beïda) deviendrait la grande ville et le grand port mondialement connus de Casablanca ? Il a fallu ce fait occasionnel ultérieur de l'assassinat de quelques ouvriers européens pour qu'un débarquement y fût tenté, une occupation maintenue et peu à peu étendue, circonstances qui firent de cette petite ville un centre considérable.

Supposez maintenant qu'en 1905, les Affaires Etrangères à la suite du meurtre du Docteur Mauchamp, au lieu de provoquer l'occupation d'Oudjda, aient décidé d'envoyer une colonne afin de venger notre compatriote au théâtre même de sa mort tragique, à Marrakech, et que Safi eut été choisi comme lieu de débarquement, Safi serait sans doute à l'heure actuelle, la grande cité européenne du Maroc méridional... Mais ne faisons pas de l'histoire rétrospective, et bornons-nous au présent, afin de n'envisager que le facteur naturel de la prospérité future de Safi.

Chassez le naturel il revient au galop, a dit le fabuliste.

Or, *le facteur naturel* qui avantage le plus Safi et qui lui a fait jouer historiquement un rôle économique important, dépend de sa proximité relative de Marrakech et de sa région.

Nous avons vu qu'au XVIIe siècle, époque de paix relative dans l'histoire du Maroc sous Moulay-Ismaïl, trois ports se partageaient le trafic du Moghreb avec l'Europe : Agadir, emporium du Sous et de Taroudant, des régions sahariennes, du Tafilelt et de Tombouctou, Salé, porte de sortie du Gharb, de la Chaouïa et de la région de Fès, Safi, débouché du Haouz méridional et de Marrakech. Cette répartition, que, par la suite, de longues périodes d'anarchie et des événements politiques ont entièrement modifiée, s'accordait en somme avec les réalités profondes de la géographie et des courants économiques. En ce qui concerne Safi, sans insister outre mesure sur l'ancienneté de sa fondation, sans doute d'origine berbère, qui constitue déjà un critérium de l'importance de sa position géographique, il convient de remarquer ce fait que la région de Marrakech est en quelque sorte complémentaire de celle de Safi, que si la première est riche en fruits, en arbres, en eau et en pâturages, et grâce à sa population très dense, grande productrice de main-d'œuvre, la seconde est avant tout le riche grenier à céréales qui alimente sa voisine, une Beauce avec une fenêtre sur la mer. Qu'est-ce à dire, sinon que par leurs qualités différentes, ces deux régions doivent se trouver mutuellement tributaires l'une de l'autre ?

Enfin, il y a *la question de moindre distance et par suite de moindre coût des frêts et des transports par terre entre les deux villes*, qui, au point de vue économique, joue le principal rôle et ne peut qu'entraîner le courant des marchandises et des voyageurs entre la capitale du Sud et Safi, dès l'achèvement de la route reliant ces deux villes et du wharf dont les plans sont établis.

Nous nous sommes attachés à faire valoir sans aucun parti pris cette vérité. Ce sera maintenant au lecteur d'apprécier en tout état de cause.

ANNEXES

Renseignements pratiques

et

Statistiques

RENSEIGNEMENTS PRATIQUES ET STATISTIQUES

LE VOYAGE A SAFI

De Marseille

Service de Marseille à Casablanca : Départ à dix heures du matin les 1ᵉʳ, 9, 16 et 24 de chaque mois; durée du voyage trois jours.

Prix de Marseille à Casablanca : 1ʳᵉ classe, 150 francs, 2ᵉ classe 120 francs, 3ᵉ et entrepont, 80 francs, pont 50 francs (nourriture et vivres compris sauf pour passagers de pont; les passagers de pont peuvent être nourris à raison de 3 francs par jour en sus du prix du passage).

A Casablanca, les voyageurs doivent attendre la correspondance d'un autre vapeur en partance pour la côte. Cette correspondance n'est pas garantie.

Service de Marseille à Casablanca, Mazagan, Safi et Mogador : Départ à dix heures du matin les 12 et 27 de chaque mois.

Ces vapeurs ne prennent pas ordinairement de marchandises pour Casablanca, afin de réduire au minimum leur séjour sur cette rade.

Durée normale du voyage entre Marseille et Safi : neuf à dix jours.

Prix du voyage de Marseille à Safi (ou vice versa) : 1re classe 120 francs ; 2e classe, 80 francs ; pont, 60 francs.

a) Nourriture. — Contrairement aux prix du tarif applicable pour les bateaux rapides, ces prix ne comprennent pas la nourriture qui se paie en sus à raison de : 8 francs en 1re classe ; 6 francs en 2e classe ; 3 francs sur le pont par personne et par jour.

b) Bagages. — La franchise pour bagages est de : 1re classe 100 kilos ; 2me classe 60 kilos ; pont 30 kilos.

c) Billets d'aller et retour. — Il est délivré des billets d'aller et retour, bénéficiant d'une réduction de 15 % sur le net, valables pour six mois.

d) Enfants. — Les enfants de 2 à 10 ans paient demi-place.

Les départs de Marseille ont lieu du Quai des Anglais.

N. B. — Il est recommandé de retenir les places à l'avance.

Direction : 4, place Sadi-Carnot, Marseille ; adresse télégraphique : Paquet-Marseille.

Agence à Safi : M. A. LEGRAND ; adresse télégraphique : Legrand-Safi.

Agence à Casablanca : M. PHILIP.

De Bordeaux

PAR LA COMPAGNIE GÉNÉRALE TRANSATLANTIQUE

1° Service rapide bi-mensuel entre Bordeaux et Casablanca par paquebots munis de la T. S. F. Trajet en trois jours.

Départs de Bordeaux les 10 et 25 de chaque mois ; de Casablanca les 3 et 18.

Les vapeurs assurant ce service correspondent à Casablanca, à l'aller et au retour, sauf éventualités maritimes, avec le vapeur *Azemmour* desservant Mazagan, Safi et Mogador.

2° Service accéléré bi-mensuel (passages de 2me et 3me classes). Trajet en quatre jours de Bordeaux à Casablanca.

Départs de Bordeaux les 2 et 18 de chaque mois ; de Casablanca vers les 28 et 4. Le service du 2 dessert en outre Mazagan, Safi et Mogador.

Prix des passages (nourriture comprise) :

De Bordeaux à Casablanca. — Service rapide : première classe, 140 francs ; deuxième classe, 110 francs ; troisième classe, 70 francs. — Service accéléré : première classe, 110 francs ; deuxième classe, 70 francs.

De Bordeaux à Mazagan. — Deuxième classe, 135 francs ; troisième classe, 90 francs.

De Bordeaux à Safi. — Deuxième classe, 145 francs ; troisième classe, 100 francs.

De Bordeaux à Mogador. — Deuxième classe, 160 francs ; troisième classe, 110 francs.

Agence à Bordeaux : M. De Vial, 15, Quai Louis XVIII.

Agence à Casablanca : Banque Commerciale du Maroc.

Agence à Safi : M. J. André.

Les voyageurs à destination de Safi, débarqués à Casablanca par les services rapides de la Compagnie Paquet et de la Compagnie Transatlantique, peuvent trouver dans cette rade un vapeur d'une Compagnie étrangère en partance pour la côte.

Se renseigner à Casablanca aux agences de ces Compagnies.

The Power Steam Ship. — Agence à Casablanca : Fernau & Cie ; agence à Safi : M. Carrara.

The Royal Mail Steam. — Agence à Casablanca : Murdoch-Butler & Cie ; agence à Safi : M. Hooper.

Compania Correos de Africa. — Agent à Casablanca : N... ; agent à Safi : M. Landabourru.

Pour tous autres renseignements, s'adresser aux agences de voyage.

Hôtels

Hôtel de France, route de Marrakech, tenu par M. Chavanaud, français. Hôtel confortable installé dans un immeuble neuf, au bord du plateau qui surplombe Safi, derrière l'ancien château portugais.

Seize chambres de 5 à 12 francs. Bonne cuisine (chef français); chambre et nourriture à partir de 12 fr. 50 par jour. Pension (nourriture seulement, vin compris 150 francs).

Safi-Hôtel, tenu par Madame Raymond, française. Installé impasse de la mer, à 150 mètres de la Douane et du Port. Dispose de dix chambres variant de 5 à 12 francs.

Les repas se paient 2 fr. 50 le déjeuner et 3 francs le dîner. Pension (chambre et nourriture) 180 francs par mois. Pension (nourriture seulement, vin compris) 120 francs par mois.

Hôtel des Gascons, rue du Petit-Marché, tenu par M. Beynet, français. Trois chambres à 2 et 2 fr. 50. Prix des repas 1 fr. 75. Pension (nourriture seulement) 105 francs. Nourriture et chambre 140 francs. Clientèle surtout ouvrière.

Restaurants

Voir ci-dessus à la rubrique : Hôtels.

Restaurant français, impasse de la mer, tenu par M. Rodié. Prix des repas 2 fr. 50. Prix de la pension 115 francs. Le restaurant dispose en outre de deux chambres louées 2 francs la nuit. Le prix de la pension (nourriture et chambre) est de 150 francs par mois.

Restaurant Duboscq, au Camp. Prix des repas 3 francs. Prix de la pension 4 francs par jour et 120 francs par mois.

PORT DE SAFI

TABLEAU DES FRÊTS PRATIQUÉS PAR LES DIFFÉRENTES COMPAGNIES

(PAR TONNE)

MARCHANDISES	LONDRES «ROYAL MAIL C.P.S.» «Power Line»	MARSEILLE
	SHELLINGS	FRANCS
Amandes	35 + 10 %	45 »
Carvi	35 + 10 %	25 »
Cire	45 + 10 %	50 »
Coriandre	30 + 10 %	25 »
Cumin	30 + 10 %	50 »
Fenugrec et graines de lin	17/6 + 10 %	42 50
Fèves et maïs	12/6	12 50
Gommes	35 + 10 %	50 »
Huiles d'Olives	35 + 10 %	45 »
Laine en suint (non pressée)	au m³ 10 net	40 et 55
Laine lavée	au m³ 10 net	60 et 70
OEufs .... la caisse	6 sh.	60 »
Orge	12/6	12 50
Os	30 + 10 %	25 »
Peaux de chèvres (N. Y.)	45 + 10 %	45 net
Peaux de moutons	25 + 10 %	35 »
Poils de chèvres	65 + 10 %	40 »
Racines d'iris	60 + 10 %	40 »

TONNAGE DU PORT DE SAFI EN 1912

(Chiffres au-dessus de 100 tonnes)

IMPORTATIONS	TONNES	EXPORTATIONS	TONNES
Farine de froment.	171	Œufs de volaille..	200
Sucre raffiné	9.687	Peaux de chèvres..	175
Thé.............	433	Peaux de moutons.	106
Bois de sapin sciés.	1.128	Blé	8.830
Bois divers.......	357	Maïs	2.495
Vins	343	Orge............	44.729
Alcool pur.......	123	Fèves	10.634
Briques pleines ou creuses	151	Pois chiches.......	1.153
Ciment..........	518	Alpistes	211
Carreaux et ouvrages en ciment..	102	Amandes.........	351
Fers bruts et étirés.	268	Graines de cumin.	968
Acier en barres...	182	Graines de fenugrec	1.134
Ferrailles	379	Divers	474
Bougies	892	Total.....	71.640
Gobeleterie	123		
Tissus de coton blanchis........	750		
Tissus de coton teints	145		
Papiers d'emballage et carton...	286		
Clouterie	103		
Articles de ménage.	167		
Divers	2.292		
Total.....	18.600		

RENSEIGNEMENTS SUR LES MARCHÉS

NOMS DES MARCHÉS	Distance du Bureau des Renseignements	Nombre approximatif d'indigènes qui fréquentent ces marchés	Trafic moyen par semaine	Produit des taxes hebdomadaire Chiffres de Juin 1914	OBSERVATIONS
	Kilomètres		P. H.	P. H.	
Souk-el-Khemis de Temra..............	30	500	5.000	115	
El Had de Harara.....	18	2.000	8.000	400	Sur la route de Mazagan et des Doukkala. Marché important à favoriser.
Tleta des Bou-Ariz....	35	250	1.000	60	
Tnin des Riat.........	41	1.500	6.000	150	
Sebt de Guezoula......	26	3.000	10.000	350	Sur la piste de Mogador. Important; à favoriser.
Tleta de Sidi M'bareck.	25	3.000	10.000	350	Sur la piste de Marrakech. Important; à favoriser.
Khemis de Sidi Amara.	65	200	1.200	50	
Djema-es-Sahim......	36	5.000	25.000	1.050	Au milieu de la riche plaine des Sahim. Très important; à favoriser.
Had Bkhrati..........	50	250	1.000	50	
Arba Mcharen........	45	500	6.000	200	Sur la piste de Mazagan.

LA MAIN-D'ŒUVRE A SAFI

Prix de la journée de 10 heures

Manœuvres. — Indigènes : 1 P.H. 50 à 1 P.H. 75. (Peut aller à 2 P.H. 25 à certaines époques de l'année où la main-d'œuvre est rare). Européens : n'existent pas.

Terrassiers. — Indigènes : 1 P.H. 50 à 1 P.H. 75. (Peut aller à 2 P.H. 25 à certaines époques de l'année où la main-d'œuvre est rare). Européens : n'existent pas.

Maçons. — Indigènes : 5 à 7 P.H. (Prix courants exigés des bons ouvriers avant la guerre). Européens : 12 à 15 francs.

Tailleurs de pierre. — Indigènes : 4 à 6 P.H. Européens : 12 à 15 francs.

Menuisiers, charpentiers. — Indigènes : 5 à 7 P.H. Européens : 12 à 15 francs.

Forgerons, serruriers. — Indigènes : 5 à 6 P.H. (On ne peut guère employer les forgerons indigènes pour autre chose que pour les travaux coutumiers). Européens : 13 à 15 francs.

Plombiers, zingueurs. — Indigènes : n'existent pas. Européens : main-d'œuvre rare à Safi, demanderait de 14 à 15 francs.

Peintres. — Indigènes : 4 à 6 P.H. Européens : 10 à 14 francs.

Tombereaux. — A un cheval (en location) : 12 francs ; à deux chevaux (en location) : 17 francs.

LE CHEPTEL DE LA RÉGION DES ABDA

I — Répartition des troupeaux par tribus

	BOVINS	OVINS
Aameur, Behatra-Sud, Derbala.....	11.525	48.338
Rebia-Nord	2.870	17.134
Rebia-Sud......................	2.200	10.000
Behatra-Nord....................	8.400	22.400
Temra.......	4.200	11.000

II — Valeur approximative de l'ensemble du cheptel

(Chiffres exprimés en francs)

TRIBUS	CHEVAUX	MULETS	ANES	BOVINS
Behatra-Nord .	60.000	30.000	110.000	1.000.000
Behatra-Sud ..	165.000	60.000	250.000	1.800.000
Temra	105.000	40.000	130.000	1.900.000
Aameur	165.000	40.000	160.000	1.500.000
Rebia-Nord ...	121.200	70.000	240.000	1.200.000
Rebia-Sud	150.000	64.000	202.000	1.250.000
TOTAUX ...	766.200	304.000	1.092.000	8.650.000

TRIBUS	CHAMEAUX	CAPRINS	PORCINS	OVINS
Behatra-Nord .	130.000	20.000	25.000	160.000
Behatra-Sud ..	300.000	80.000	20.000	200.000
Temra	145.000	10.000	»	250.000
Aameur	170.000	100.000	»	300.000
Rebia-Nord ...	300.000	30.000	13.000	650.000
Rebia-Sud	250.000	60.000	40.000	500.000
TOTAUX ...	1.295.000	300.000	98.000	2.060.000

TRIBUS	TOTAUX
Behatra-Nord..........................	1.535.000
Behatra-Sud..........................	2.875.000
Temra	2.580.000
Aameur	2.435.000
Rebia-Nord..........................	2.624.000
Rebia-Sud	2.516.000
VALEUR TOTALE DU CHEPTEL...	14.565.200

Consommation de la viande de boucherie à Safi (1914)

(STATISTIQUES DE L'ABATTOIR MUNICIPAL)

MOIS	BŒUFS	VEAUX	MOUTONS	CHÈVRES	TOTAUX
	Kilos	Kilos	Kilos	Kilos	Kilos
Mai	15.000	400	24.000	1.150	41.550
Juin	10.150	600	32.640	1.900	45.290
Juillet	18.000	750	24.500	1.350	44.600
Août.....	16.500	420	21.120	1.050	39.090
Septembre	16.100	390	19.750	1.020	37.260
TOTAUX	76.740	2.560	122.010	6.470	207.790

Imprimerie Rapide o o o
o o o G. MERCIÉ & Cie
Casablanca, Rabat, Mazagan

www.ingramcontent.com/pod-product-compliance
Lightning Source LLC
Chambersburg PA
CBHW061245060726
47596CB00002B/444